丛书主编 黄宪起
丛书副主编 张 伟

智库能力评价与创新

张 伟◎著

中共中央党校出版社
The Central Party School Publishing House

图书在版编目（CIP）数据

智库能力评价与创新/张伟著. --北京：中共中央党校出版社，2017.6

（智库研究丛书）

ISBN 978-7-5035-6033-0

Ⅰ.①智… Ⅱ.①张… Ⅲ.①咨询机构-研究-世界 Ⅳ.①C932.81

中国版本图书馆 CIP 数据核字（2016）第 322974 号

智库能力评价与创新

策划统筹 曲 炜
责任编辑 楚双志 任 典
版式设计 尉红民
责任印制 王洪霞
责任校对 马 晶
出版发行 中共中央党校出版社
地 址 北京市海淀区大有庄 100 号
电 话 （010）62805830（总编室） （010）62805821（发行部）
（010）62805034（网络销售） （010）62805822（读者服务部）
传 真 （010）62881868
经 销 全国新华书店
印 刷 三河市华润印刷有限公司
开 本 700 毫米×1000 毫米 1/16
字 数 176 千字
印 张 13
版 次 2017 年 6 月第 1 版 2017 年 6 月第 1 次印刷
定 价 39.00 元

网 址： www.dxcbs.net **邮 箱：** cbs@ccps.gov.cn
微 信 ID： 中共中央党校出版社 **新浪微博：** @党校出版社

〉〉〉总 序

纵观当今世界各国现代化发展历程，智库在国家治理中发挥着越来越重要的作用，体现了一个国家的综合实力。智库不仅作为公共政策咨询体系的“硬”支撑，同时也是协商民主广泛多层制度化发展的助推器，是引领社会思潮、启发民智的思想库，是联通政学两界高端人才的旋转门，是政府与社会有效互动的纽带，是国际合作共赢的沟通平台，是撬动全球竞争格局的杠杆。无论在各国的国内事务领域还是在国际政治经济舞台上，都活跃着一大批智库的身影。智库日益成为国家治理、全球治理体系中不可或缺的组成部分。

对于现代中国，智库建设显得尤其迫切。在政府决策中，我国历来重视发挥专家咨询的作用，一些具有智库性质的机构也一直承担着一定的“辅政”功能。但随着当前形势发展，破解改革发展稳定难题、应对全球性问题的复杂性艰巨性前所未有，相对于当前各领域决策科学化民主化的迫切需求，相对于现代国际智库整体发展水平，我国传统智库体系发展已经严重滞后，智库建设跟不上、不适应现象日益突出。为推动国家治理体系和治理能力现代化、增强国家软实力，尽快实现中国智库建设现代化，其意义重大、刻不容缓。

当前，中国特色新型智库建设进入“春天”。尤其党的十八大以来，以习近平同志为核心的党中央高度重视智库建设，要求把智库作为国家软实力的重要组成部分，智库建设被提升到国家战略的层次和高度。2013年11月，党的十八届三中全会通过的《中共中央关于全面深化改革若干重大问题的决定》首次提出，“加强中国特色新型智库建设，建立健全决策咨询制度”。2014年10月27日，习近平总书记在中央全面深化改革领导小组第六次会议审议《关于加强中国特色新型智库建设的意见》时指出：我们进行治国理政，必须善于集中各方面智慧、凝聚最广泛力量。改革发展任务越是艰巨繁重，越需要强大的智力支持。2015年1月，中共中央办公厅、国务院办公厅专门印发《关于加强中国特色新型智库建设的意见》，作为中国特色新型智库体系建设的总方案，中国特色新型智库建设迎来历史上前所未有的战略机遇，迅速形成中央积极引导、各地方各部门踊跃投入的氛围。2015年11月，中央全面深化改革领导小组第十八次会议通过《国家高端智库建设试点工作方案》，共有25家机构入选首批国家高端智库建设试点单位。

在中国特色新型高端智库发展新格局中，中央党校具有格外重要的位置和优势。在中央和国家支持下，中央党校实施了“创新工程”，把智库建设作为与教学并列的两大创新主题之一，足见中央党校对智库建设的重视。被明确列入先行开展试点建设的国家高端智库名单，对中央党校智库建设又是一个巨大推动。中央党校有条件、有能力建设国家亟须、特色鲜明、制度创新、影响突出、引领发展的新型高端智库，并在智库研究领域发挥排头兵作用。

当前，我们对于中国特色新型智库的研究和认识整体上仍处于初始阶段，难免存在诸多理论误区和困惑。对于如何着手开展中国特色智库建设，难免出现一哄而起、无所适从的现象。如果不能及时广开言路、开阔视野、紧贴中国现实深入开展研究讨论，将不利于我国智库建设进程的顺利推进和长远发展。近两年来，国内智库研究呈迅速增长态势，但总体上，关于智库的学术成果数量还比较少；我们仍然主要处于借鉴学习阶段，尤其是对美国智库建设的借鉴学习比较多；核心作者数量不多，整体研究力量仍显薄弱；研究成果的整体学术质量有待提高，经验性、应用性、普及性的研究成果比例较高；研究主题散乱现象比较明显，规范性、系统性、理论性方面存在欠缺，[①] 尤其是对智库专门的系统的学术研究，至今还是空白。

为推动中国特色新型智库的建设实践和理论研究，我们酝酿策划了这套丛书，首批推出九本，试图从多个研究视角对智库建设进行剖析。其中，《新型智库基本问题研究》就我国智库建设中的一些重大理论问题，尤其是一些容易形成理论误区的基本问题进行分析；《中国特色新型智库研究概览》选编了近期有关中国特色新型智库建设的观点著述，包括高层论述、论坛研讨、学术观点、国外经验等；《智库能力评价与创新》就当前国内外关于智库能力评价的经验做法进行梳理，提出关于中国智库能力的新框架，并相应就如何进行智库能力创新进行探讨；《智库协同创新研究》基于中国智库机构的“条条化”特点，以党校系统为例，探索智库协同创新问题；《智库建设法治化研究》基于国外智库建设法治化实践经验，探讨了如何促进中国智库法治化的目标与路径；《国际智库发展模式》从政策参与、影响社会、制度促进、组织管理、项目管理、全球化发展等角度，探讨了国际智库的发展经验；《中国民间智库发展研究》探讨了中国民间智库发展的历程、现状、制度环境、困境、策略等，并借鉴国外经验，提出中国民间智库发展的对策；《智库研究与管理方法》从微观层面入手，对智库研究方法和智库管理方法进行了梳理；《国外智库研究要览》从多个层面和角度汇集了国外关于智库的

① 参见邱均平：《中国智库理论研究的最新进展与趋势》，《重庆大学学报（社会科学版）》2016 年第 2 期。

学术研究现状、成果、经验等。

本丛书作者以中青年学者为主，他们在已经非常繁忙的现有教学、科研工作中额外付出大量心力，勇于在一个全新的领域进行探索，其精神可嘉。不必讳言，作为智库研究领域的新探索，这套丛书肯定存在着很多不足甚至缺陷。因为本丛书研究视角“多元”，而且定位“学术”研究，在当前国内智库研究总体水平不高、文献成果总体数量不多、专门研究者缺乏的情况下，研究深度必然受到“局限”，结合中国特色场景时难免生硬，在研究内容上难免出现交叉、重复。本丛书立足于抛砖引玉，所著材料和观点仅供广大研究者和实践者参考，期望能对大家理解中国特色新型智库建设的新思想、新观点、新目标和新举措等有所启发。我们能够承诺的是，丛书作者们将会继续在智库研究领域进行“深耕”，希望有机会能够对丛书中的内容不断进行更新，就更多、更具体的课题进行探讨，适时推出新的版本，使丛书内容更加丰富，更加贴近现实。诸多不当、不足之处，文责自负，请读者朋友谅解并指正。

本丛书得到了2016年度国家出版基金项目资助，得到了中央党校科研基金重点项目资助。在本丛书策划、出版过程中，中央党校出版社曲炜、楚双志两位编审付出大量心血。本丛书在写作中参考了许多国内外文献，体现了原著者、论者的理论和学术贡献。在此，对他们一并表示感谢。

黄宪起

2017年6月

前　　言

近年来，随着新型智库建设兴起，智库评价成为智库研究的一个热点。不仅着重引介了国外的智库研究成果，而且国内智库评价报告也不断涌现。

然而，不少智库评价报告热衷于智库排名，无意中推动了智库机构攀比之风。这种为排名而排名的研究取向，不仅无助于智库评价研究自身，更无助于当前的新型智库建设实际需要，甚至会将我国智库建设方向引入歧途。某种程度上，这反映了智库建设与研究领域的浮躁和功利。

而且，这些智库排名本身存在社会公信力问题，排名顺序争议较大。其原因，一方面，许多智库评价报告的数据资料的信度和效度都存在问题；另一方面，这些智库评价报告的主要排名依据是智库成果影响力，而智库成果的特殊性及决策过程的复杂性、不透明性，使得智库成果影响力本身存在测量瓶颈，不能简单地通过数据采集方式方法的改进加以解决。

针对以上情况，本书提出：

第一，我国新型智库建设和智库研究尚处在初级阶段，应肯定智库评价研究本身的必要性，以及当前一些评价研究报告内容的原创性、合理性和探索性，以及填补智库研究领域空白的开拓价值。

第二，针对当前我国多数相关机构智库研究能力尚待提升、智库运行并发挥作用的“思想市场”环境远未形成等原因，在智库评价研究中应谨慎进行排名，甚至放弃各类排名研究，包括综合排名和所谓专业排名。智库影响力是自然形成的，而不是评出来的。

第三，立足于我国新型智库建设及如何发挥更大作用拓展智库研究视野和思路，突破智库影响力研究的局限，致力于构建反映我国智库现实特点的理论框架。

第四，将智库能力作为智库评价研究的新方向。如果说智库影响力研究注重对智库运行“结果”进行评价，那么智库能力研究则注重对智库能力形成“过程”进行评价。由此，可以更贴近智库运行过程及所处现实环境，使得智库更具有可评价性。

第五，借鉴行为主义政治学中的政治系统理论，结合我国智库建设实践，分别就智库系统的支持性输入、要求性（压力）输入、内部治理、对外输出、互动反馈等主要环节，梳理出影响智库建设的八个基本能力要素，具体包括：资源汲取、协同创新、制度支持、职责要求、组织治理、成果产出、成果传播、沟通调适等。

第六，智库能力理论框架以“评价分析”为目标，而不是以“评价排名”为目标。在宏观制度、中观政策及个体治理等各个层面上，本书致力于剖析我国智库建设中的做法、经验和不足，为智库建设实践提供参考借鉴。

第七，上述基本能力要素中，可以进一步分解出更具体的分项能力要素。在诸多能力要素中，大多属于有利于智库建设的“正向”要素，也有些属于对智库建设进行规范的“约束”要素，有些则应就个体智库实际情况而论；有些属于可以发挥智库能动性的“主动”要素，有些属于智库无能为力的“被动”要素，也有些则属于与外界“互动”的要素。

在本书的章节安排上，第一章、第二章、第三章对智库评价研究现状和成果进行梳理，第四章、第五章构建了智库能力评价体系，第六章至第十一章就部分智库基本能力要素结合我国智库建设实际进行分析，第十二章就我国部分智库类别进行了典型案例分析。

本书作为当前众多智库评价研究著作之一，期望为智库进行自身建设提供参考，也可为智库建设宏观制度政策制定者提供参考。

通过智库能力评价研究，充分发掘并发挥我国新兴智库建设中的独有优势，正视我国新型智库建设中面临的一些不足之处，甚至制度性难题，真正实现“以评促建”，而非“为评而评”，更非为了排名而评。以上观点，如其他智库评价研究文献，皆属于一家之言，需要在理论和实践两个方面进行检验。因能力和精力所限，本研究在深度和完善程度上都有很大欠缺，期望在后续研究中进行及时弥补。对于本书写作中参考的文献著作者，在此一并感谢。

目录

第一章　引　论

第二章　国外智库评价研究

第三章　国内智库评价研究

第四章　从智库影响力到智库能力

第五章　构建智库能力评价体系

第六章　智库制度支持能力

第七章　智库资源汲取能力

第八章　智库协同创新能力

第九章　智库内部治理创新能力

第十章　智库成果产出能力

第十一章　智库成果传播能力

第十二章　若干类别智库能力评价案例分析

第一章 引 论

一、智库及其界定

智库又称“脑库”“智囊”“思想库”，最早由美国人提出，开始时属于军事用语，专指第二次世界大战期间由军事人员和文职专家构成的为战争服务的军事服务部门①。之后，智库一词开始被用于军工企业中的研究与发展部门，比较著名的有兰德公司的前身——道格拉斯飞机公司的研究发展部。现在，智库已经演变成泛指一切进行未来规划研究、为政府提供决策参考并监督政府权力使用的非营利性的研究机构。

智库概念的界定决定着智库数量规模的大小，和本书的研究主题——智库评价——息息相关。在智库概念界定中，智库的特征属性数量和该概念涵盖的机构数量之间成反比②。组织的特征与其所属国家的政治、经济、文化、社会制度等息息相关，智库也不例外。智库在西方社会的存在已将近百年，学者们对智库进行了大量的研究，然而对智库基本概念的界定却始终未达成共识，国内外对智库有着多种

① 参见 Donald E. Abelson, *American Think-tanks and Their Role in US Foreign Policy*, MacMillan Press Ltd, 1996, p. 2.

② 参见〔德〕帕瑞克·克勒纳著，韩万渠译：《智库概念界定和评价排名：亟待探求的命题》，《中国行政管理》2014 年第 5 期。

解释。[①] 尤其是不同学者对于智库独立性有不同的理解。

国外学者的观点，往往强调智库要独立于政府、政党、压力集团。甚至，智库要独立于大学，因为大学的研究中心主要工作在基础理论的建构与探讨上，不是公共政策研究。有些国外学者的定义比较有代表性，如保罗·迪克逊认为，“智库是一种稳定的相对独立的政策研究机构，其研究人员运用科学的方法对广泛的政策问题进行跨学科的研究，在政府、企业及大众密切相关的问题上提出咨询”[②]；唐纳德·埃布尔森认为，“智库是由关注公共政策问题的个人组成的独立的、非营利的组织”[③]。从这些有代表性的定义上，可以看出西方学者基本上认同，智库是一种具有稳定性、独立的、不以营利为目的的公共政策研究机构。

与国外学者相比，中国学者对于智库的定义有些许不同。可以看出，国外学者强调智库在机构运作、资金筹集和知识生产方面的自主性和非营利性。而国内学者，往往把与政府、政党或企业关系密切但具有“相对独立性的”公共政策分析和研究组织也视为智库。有学者认为，“在为数众多的研究机构中，有些主要为统治集团在政治、外交、经济、军事、科技、社会等各个领域进行调查研究，出谋划策，并为之培养、储备和输送人才。它们有别于一般学术和纯科技研究机构，通常称为智库”[④]。有学者认为，“智库是一种相对稳定的且独立

---

① 参见 James Allen Smith：*The Idea Brokers*：*Think Tanks and the New Policy Elite*，New York：Free Press，1991，xiii—xx；Diane Stone and Mark Garnett，Introduction：*Think Tanks*，*Policy Advice and Governance*，*in Diane Stone et al eds.*，Think Tanks across Nations：*A Comparative Approach*，Manchester：Manchester University Press，1998，pp. 1—20；James McGann and Kent Weaver，*Think Tanks and Civil Societies in a Time of Change*，in R. Kent Weaver and James McGann eds.，*Think tanks and civil societies*：*Catalysts for ideas and actions*，New Brunswick and London：Transactions，2000，pp. 4—5；James G. McGann：*Think Tanks and Policy Advice in the United States*：*Academics*，*Advisers and Advocates*，New York，NY：Routledge，2007，p. 11.

② Dickson Paul，*Think Tanks*，New York：Atheneum，1971，p. 3.

③ 〔加拿大〕唐纳德·埃布尔森著，扈喜林译：《智库能发挥作用吗？公共政策研究机构影响力之评估》，上海社会科学院出版社 2010 年版，第 5—6 页。

④ 吴天佑、傅曦：《美国重要思想库》，时事出版社 1982 年版，第 8 页。

运作的政策研究和咨询机构”①，中国部分社会智库迫于生存会做出“挂两块牌子”的举动，既注册成为营利机构也是非营利机构，对智库的非营利性进行严格的限定是不必要的。有学者认为，“智库是独立的、非营利的学术机构，其从事政策研究的目的在于直接或间接地服务于政府决策需要”。②

事实上，中西方学者在学术研究中都认同，智库是一种相对稳定的，对公共政策进行独立研究的非营利组织。只不过由于各国国情不同，智库的存在形式不同罢了。在美国智库一般能做到独立于政党、政府、利益集团，也能做到组织、资金及研究独立。如果把中国发挥智库功能的机构分为以下四类：官方咨询研究机构、半官方的咨询研究机构、大学咨询机构、民间咨询研究机构③，那么中国95%以上的智库属于前三类，它们在组织、人事、资金等方面与政府有着或多或少的联系。联合国开发计划署（UNDP）对智库的这一定义并不强调其独立与否，认为智库是“长期从事与公共政策相关的研究与倡导的组织，在现代民主国家是知识与权力之间的桥梁”④。各国各地区智库工作环境有较大差异，这一概念基本上可以将大多数不同形态的智库涵盖在内。

本书采用比较宽泛的智库定义，认为智库是一种相对稳定的，对公共政策进行独立研究的、不以营利为目的的组织。这样，智库是具有以下特点的专业研究机构：（1）从事公共政策研究，以影响公共政策制定和社会舆论为研究目的；（2）非营利性，以公共利益为研究导向；（3）研究成果可以有独立见解，具有一定的思想创新性。

---

① 薛澜、朱旭峰：《“中国思想库”：涵义、分类与研究展望》，《科学研究》2006年第3期。

② 张春：《美国思想库与一个中国政策》，上海人民出版社2007年版，第18页。

③ 参见丁煌：《美国的思想库及其在政府决策中的作用》，《国际技术经济研究学报》1997年第3期。

④ United Nations Development Program：*Thinking the Unthinkable*：*From Thought to Policy*. The Role of Think Tanks in Shaping Government Strategy：Experiences From Central and Eastern Europe，Bratislava，UNDP Regional Bureau for Europe and the Commonwealth of Independent States，2003，p. 6.

二、智库发展与智库研究

随着全球化脚步的加快，世界各国的发展更加错综复杂，这也就为智库提供了生存空间，使得智库在国家发展中起到了越来越重要的作用。智库作为公共政策咨询体系的“硬”支撑，是引领社会思潮、启发民智的思想库，是打通政学两界高端人才的旋转门，是政府与社会有效互动的纽带，是国际合作共赢的沟通平台，是撬动全球竞争格局的杠杆。无论在各国的国内事务领域还是在国际政治经济舞台上，都活跃着一大批智库的身影。

现代意义上的智库起源于西方。大致经历了规模逐步扩大的过程，包括智库内部成员的增多以及智库机构的增多。到了近代，智库成为了西方国家各项政策的先锋，他们凭借着对于世界其他国家的研究了解，一直保持着自己的稳步发展。20 世纪初，智库处于发展初期，整体数目还较少，美国智库仅有 20 家左右，全球智库也不多。保罗·迪克森认为，1932 年美国财政部委托弗兰克林研究所开展的政策研究，标志着现代智库的诞生。[①] 20 世纪 40 年代，智库进入快速发展时期，很多知名智库也正是在这个时期开始涌现的，智库机构的规模也不断发展壮大。二战后，世界各国的社会矛盾激化，加上美苏对峙的世界格局，为智库提供了前所未有的发展空间。20 世纪 60 年代，智库研究机构开始进入公众的视野，对于智库机构的研究也初步迈开了脚步。20 世纪 70 年代至 80 年代末，世界各国内政、外交问题越来越复杂，为智库发挥作用提供了广阔的空间。智库数量处于爆发性的增长期，全球智库整体呈现出蓬勃发展状态，智库时代也就此到来。第三次科技革命为智库的发展提供了更为先进的技术支持和设备支持。最重要的是，西方特有的政治体系给智库带来了广阔的生存空间，每一方权力的制衡，都需要客观科学、源源不断的政策建议的支持。智库的价

① 参见 Paul Dickson. *Think Tanks*. New York：Atheneum. 1971. p. 9.

值也因此得以体现，随之而来的自然是资金来源的保障以及智库社会身份的保障。

就当前来讲，智库对于中国仍然是个新兴事物。中国“智库”传统历史悠久，很早之前就出现了具有智库功能的“智囊”。追溯至古代，统治者就已经很重视人才，并且愿意广泛咨询并听取他们的意见，请他们为自己出谋划策，以更好的宣传自己的政治主张，巩固统治地位。然而，从古至今，现代意义上的智库在中国是长期缺失的。中国千百年来，“羽扇纶巾”式的“军师”“智囊”“国师”或由其组合而成的幕僚班子，并不是现代意义上的智库。

“国师时代”正在慢慢远去，现代智库逐渐登上舞台。现代意义的智库，是指由专家组成的多学科的，为决策者在处理社会、经济、科技、军事、外交等各方面问题出谋划策，提供最佳理论、策略、方法、思想等的公共研究机构。我国现代智库的出现源于中国社会发展需要面临问题的日益增多，单纯由政府领导来出谋划策已不能满足需求。新中国成立初期，体制内政策研究机构开始出现，它们的研究成果易于被政府采纳，具有一定的政策影响力，并且为国家社会的发展带来了巨大的助推力。20 世纪 90 年代，由于时代以及国际形势的复杂性，致使官方智库难以满足国家发展对于智库的需求，社会智库便开始逐步成长起来。社会智库由于其具备较强的独立性，研究问题的领域以及研究问题的结果具有较强的客观性，而逐渐被社会所认可，这也为社会智库的发展吸引到了大量的维持其自身基本运转和基本研究的社会资金。我国现代智库从无到有，体系逐渐完备，能力逐渐增强，主要经历了以下五个阶段。

第一，20 世纪七八十年代，智库体系初步建立。1977 年中国社会科学院成立，标志着我国智库体系开始建立。随之而来的还有其他党政军智库的迅速发展，比如：国务院发展研究中心、中国现代国际关系研究所。在地方层面，出现了以上海社会科学院为代表的地方社科院相继复院或建院。这一时期，覆盖中央和地方层面的智库体系开始建立。这一阶段，大量知识分子、高素质的人才进入国家政策部门参与决策制定和咨询，提升了决策质量。

第二，20 世纪 80 年代末至 90 年代初，社会智库出现，智库体系呈多元发展态势。这一时期，在改革开放的背景下，中国一部分知识分子，从国家机关和政策研究部门出来，组建了中国第一批社会智库，比如：北京四通社会发展研究所、零点研究咨询集团等。这一阶段中国社会智库的影响力初步形成，但人才与资金极度缺乏，甚至出现一个机构挂两块牌子的现象。

第三，20 世纪 90 年代中期至十六大召开，大学智库建立，智库体系基本形成。20 世纪 90 年代中后期，高校智库蓬勃兴起，中国智库体系更加多元化，标志性事件是以北京大学中国经济研究中心为代表的大学智库蓬勃兴起。这一时期，大学智库数量众多，但由于其缺乏清晰的定位、资源分散、缺乏相对稳定与科学的组织架构与管理机制，导致其研究水平良莠不齐。再者，大学智库的科研考核体系，普遍以学术研究、基础研究为重，缺乏对智库研究成果的认可与重视，导致其影响力难以充分发挥。

第四，十六大至十八大前夕，地方社科院明确定位，智库体系转型发展。这一阶段智库体系进入转型发展阶段，标志事件是社科院系明确实现功能转型、确立智库定位，同时社会智库数量大幅增加，中国社会智库再次进入大发展阶段。这一时期，地方社科院通过管理体制创新以及信息化手段，围绕地方经济社会发展过程中遇到的紧迫和重大现实问题进行研究，影响力初显。但其偏理论轻应用、以论文著作为核心的职称评定体系、智库研究人才的匮乏使得其研究成果影响力大打折扣。

第五，党的十八大之后，中国特色新型智库进入快速发展阶段。这一阶段智库体系创新发展，标志性事件是高校明确提出繁荣发展高校哲学社会科学、推动中国特色新型智库建设。随着智库比较研究的发展，这一阶段智库趋向于借鉴国外智库经验，塑造智库品牌，打造中国新型智库，吸纳多样化人才，寻求多样化的资金来源，建立海外分支机构，研究全球共同关注的问题，注重成果推销，塑造国际影响力。

经过五个阶段的发展，中国智库从“幕后”走向“幕前”，从稚嫩走向成熟，智库体系走向完备，影响力日趋显著。当前，中国特色新型智库建设进入“春天”。党的十七大中提出，要“鼓励哲学社会科学界为党和人民事业发挥思想库作用”。[①] 党的十八大中提出，要“坚持科学决策、民主决策、依法决策，发挥思想库作用”。[②] 尤其党的十八大以来，以习近平同志为核心的党中央高度重视智库建设，要求把智库作为国家软实力的重要组成部分，智库建设被提升到国家战略的层次和高度。党的十八届三中全会中提到“加强中国特色新型智库建设，建立健全决策咨询制度”。这份文件的出台，吹响了中国智库建设的号角。之后，新一轮高校哲学社会科学繁荣计划和重点研究基地建设计划启动，教育部印发了《中国特色新型高校智库建设推进计划》。尤其中共中央办公厅、国务院办公厅印发的《关于加强中国特色新型智库建设的意见》的出台，无疑是当前加强我国智库建设的纲领性文件。[③] 该意见提出，“我们进行治国理政，必须善于集中各方面智慧、凝聚最广泛力量。改革发展任务越是艰巨繁重，越需要强大的智力支持。”作为中国特色新型智库体系建设的总方案，中国特色新型智库建设迎来历史上前所未有的战略机遇，迅速形成中央积极引导、各地方各部门踊跃投入的氛围。2015 年通过的《国家高端智库建设试点工作方案》，选出 25 家智库作为高端智库试点单位。

智库作为国家软实力的象征，作为国家治理体系和治理能力的有力支撑，其能力的提高对于决策的科学化、民主化，决策效率的提高以及成本的降低，决策顺畅的执行，可谓意义重大。随着中国经济步入“新常态”以及“四个全面”的推进，中国的社会结构日趋复杂化、

① 胡锦涛：《高举中国特色社会主义伟大旗帜 为夺取全面建设小康社会新胜利而奋斗》，《人民日报》2007 年 10 月 25 日。

② 胡锦涛：《坚定不移沿着中国特色社会主义道路前进 为全面建成小康社会而奋斗》，《人民日报》2012 年 11 月 8 日。

③ 参见兰红光：《中共十八届三中全会在京举行》，《人民日报》2013 年 11 月 13 日。

公共需求日益多样化、矛盾冲突有升级的趋势。国际上，全球性问题越来越多，国家之间软实力竞争日益明显，这使得政府决策的压力和风险剧增。作为政府决策咨询辅助机构的智库将发挥越来越重要的作用，加强智库能力建设刻不容缓。

然而我们不得不承认，在智库建设上即使我国是个数量上的智库“大国”，但与质量上的智库“强国”还相去甚远，与全球第二大经济实体的地位很不相符。如何更好地讲好中国故事，发出中国声音，投入国家软实力竞争，提升中国国际话语权，我们的智库体系还有很大提升空间。

在智库研究上我们也处于初级阶段，对于智库的认识很不够深入。2012 年之前，关于智库的研究成果呈零散状态。近两年来，国内智库研究呈迅速增长态势，关于智库的研究论文、研讨会议、报刊理论文章、资料汇编及文集开始集中出现。但总体上，关于智库的学术成果数量还比较少；研究中仍以借鉴学习为主，粗线条介绍国外经验多，尤其是对美国智库建设的借鉴学习比较多；核心作者数量不多，整体研究力量仍显薄弱；研究成果的整体学术质量有待提高，立足本系统本部门的理论宣传多，缺乏有思想和理论深度的潜心之作，尤其缺乏实证研究；研究主题类型杂乱无章，研究的规范性、理论性、系统性方面存在欠缺，有待进一步改善。①

三、智库评价研究及其价值与争议

智库评价就是对智库相关表现进行测定的研究过程。国外智库评价研究可追溯到 20 世纪 90 年代。90 年代之前，除迪克逊于 1971 年发表第一本介绍智库形成与发展的著作②，西方学术界针对于智库的研究成果并不多见。之后，对智库参与公共政策过程的研究才逐步成为

① 参见邱均平：《中国智库理论研究的最新进展与趋势》，《重庆大学学报》（社会科学版）2016 年第 2 期。

② 参见 Paul Dickson，*Think Tanks*，New York：Atheneum，1971.

热门领域，并开始出现智库评价实证研究。1996 年，斯通第一个以构建理论的方式分析了智库影响力产生的原因，这也为其后来的实证主义智库研究打下了坚实的基础。①

应该说，智库评价研究本身有其必要性。智库评价有利于进一步理解智库的性质及其在政策制定中的作用、策略及其局限性，还可以通过理解智库评价中的方法及其指标体系，进一步思考提高智库服务决策的途径和策略。这仅对于智库自身能力的提高起到一个导向的作用，而且更加明确了智库的角色定位，并且有助于智库建设的发展完善，因而对于智库的整体发展具有不容忽视的推动作用。随着智库评价报告的涌现，一些智库机构的公众知名度也得以慢慢提升。智库评价的逐渐发展完善也为智库树立了一系列的发展目标和要求，评选出的部分智库代表确实在一定程度上起到了标杆和榜样的作用，提高了智库竞争活力。从另一个角度看，智库评价，尤其智库排名，有智库自身宣传的需要。由于智库数量短时间内的快速增长，超过了社会对于智库的需求限度，便加剧了智库对于人才、资金等资源的竞争。甚至有些智库中慢慢地分生出了宣传部门，专门负责智库研究成果的传播。而对于国家、公众或者想要了解智库工作成果的机构或个人来说，浏览报告要比评估他们的真实业绩容易得多，因而催生出了智库排名，世界智库评价也就应运而生。

近年来，智库评价成果更加丰富。随着国际上智库实证主义研究的逐步发展，定量分析已经成为越来越重要的研究方法，并且推动了智库评价研究的发展。1995 年，麦甘开创了定量进行智库评价研究的先河，通过问卷调查搜集不同智库的第一手数据。② 2002 年，加拿大学者埃布尔森（Donald E. Abelson）发表专著《智库能发挥作用吗? 公共政策研究机构影响力之评估》，集中讨论了评价智库影响力的方

① 参见 Diane Stone，*Capturing the Political Imagination*：*Think Tanks and the Policy Process*，London：Frank Cass. 1996.

② 参见 James G. McGann，*The Competition for Dollars*，*Scholars and Influence in the Public Policy Research Industry*，New York：University Press of America，1995.

法，通过观点被主要媒体的引用率和出席国会、听证会的次数，以定量分析的形式来对于美国和加拿大智库的影响力进行比较分析。2004年，瑞奇第一次将回归分析的定量方法应用于智库研究。① 目前，已有多个机构或出版商在国家层面上对智库进行评价排名。其中，影响力较大的是麦甘（James G. McGann）依托宾夕法尼亚大学的“智库与公民社会”项目，自2006年以来每年对世界顶尖智库进行的影响力排名（Global Go To Think Tank Index Report），并不断改进和简化排名流程。2014年1月，美国宾夕法尼亚大学智库研究项目在世界银行和联合国总部发布了第七份智库排名报告——《2013年全球智库发展报告》（英文版）。同日，在世界21个城市发布了该报告的另外13种语言版本，中文版由上海社会科学院智库研究中心发布。

我国本土智库评价研究虽然刚刚起步，但迅速形成了一个热潮，无疑成为近年来智库研究中一个比较集中的领域。先是大张旗鼓地引进国外智库排名，尤其麦甘2013年度全球智库报告的引入，促进了我国整个智库领域的觉醒。之后国内每份评价报告的完成，都倾注着研究者的智慧和心血。智库评价作为智库研究的重要组成部分，有助于提高整个智库领域的理论研究能力和水平。总体来说，智库评价的产生和发展对于我国智库来说都是有益的存在。后来，又在短时间内产生数个本土智库评价体系。比如：2014年1月22日，上海社科院智库研究中心版《中国智库报告》发布。2015年1月15日，零点国际发展研究院与中国网的《2014中国智库影响力报告》发布。2015年1月22日，美国宾夕法尼亚大学版《全球智库报告2014》发布。2015年11月10日，中国社会科学院版《全球智库评价报告》发布。2015年11月24日，四川省社会科学院、中国科学院成都文献情报中心的《中华智库影响力报告》发布。2016年1月27日，宾夕法尼亚大学版《全球智库报告2015》发布。2016年1月27日，上海社会科学院智库

---

① 参见 Andrew Rich. *Think Tanks*, *Public Policy*, *and the Politics of Expertise*. New York: Cambridge University Press, 2004.

研究中心版《2015 中国智库报告》发布。应该说，这段时间智库评价研究发展速度之快异乎寻常。

然而，伴随着智库评价研究的兴起，质疑和争议之声也在不断增加。目前的智库评价报告大都以智库排名作为其主要研究成果。那些智库排名靠前的智库对评价报告比较认同，利用智库排名来提升自身影响力。比如，布鲁金斯学会很乐意见到自己被该报告评为“全球第一智库”，并且在其官方网站上对此进行大张旗鼓地宣传。然而无论是美国卡内基和平基金会、美国企业研究所，或者美国战略与国际研究中心、美国外交关系委员会，抑或美国传统基金会、美国世界资源研究所，它们则都对布鲁金斯学会荣膺“全球第一智库”不以为然。也许，只有在自己被报告的某个分类评为第一时，他们才会接受其评价结果。

但这种现象的存在有悖于智库评价的以评价促建设的初衷。总体来说，对当前智库评价研究的质疑和争议至少体现在三个方面：第一，智库评价排名“榜单”结果受到质疑；第二，智库评价数据获取过程受到质疑；第三，智库评价指标体系存在争议。

比如，《全球智库报告》在 2015 年发布时的新闻通稿中宣称，“《全球智库报告》是在数千名国际专家学者的提名基础上，依据科学系统的标准而形成的评定结果，自 2007 年发布全球智库排名至今，已逐渐成为反映全球智库表现和综合影响力的国际风向标”。而事实并非如此。然而，麦甘研究报告由于其智库概念含糊不清，尤其方法论存在缺陷，过于依赖被访者的主观评价，数据收集、研究和分析没有采用田野调查，也没有预算或专职工作人员，导致对全球智库的评价排名一直备受争议。尤其对中国智库的评价，在统计分析上存在大量遗漏和错误。比如，我国智库排名顺序错乱，一些在中央和国家决策咨询中作用显著的重要智库机构难觅踪影，而一些国内认可度、知名度较低的智库占据前位。其中除了中国智库机构国际化水平不高等原因外，更重要的是海外研究者对中国智库本土特征缺乏理解，获取信息数据渠道不充分、不科学。麦甘主持的全球智库排名报告被不恰当地高调宣传引用，不仅暴露了国内研究匮乏的窘境，而且丧失了我国智库评价领域的话语权，容易引发我国智库理论建设和价值取向上的诸多误区。

就目前来看，我国的智库体系并不成熟，智库管理也刚刚起步，有关智库评价的研究和实践有着很大的提升空间。虽然我们不能就此否定智库评价存在的价值，但对提出的相关问题必须加以重视。我国应学习借鉴国外智库评价模式的先进做法，但关键还是在于结合我国实际，探索符合本国国情的智库评价方法和模式，推动我国特色新型智库走向科学化、规范化。

第二章　国外智库评价研究

智库兴起于西方发达国家，现代形态的智库大约有百年左右的历史，以美国为首的西方发达国家智库最为发达，对这一政策群体的系统研究始于 20 世纪 60 年代之后。智库评价研究的出现则要更晚一些，也源于西方发达国家。国外从 20 世纪 90 年代开始开展智库评价，迄今已有 20 多位学者发表了相关评价结果。国外智库评价研究内容主要立足于智库影响力，以智库排名为目标。总体上，根据智库评价所采用的基本方法，可以大致分为定量评价和定性评价两种。前者，以埃布尔森为典型；后者，以麦甘《全球智库报告》为突出案例。

一、国外智库影响力研究

早期智库研究主要分析智库兴起的政治背景，以及智库形成与壮大的过程。在这一阶段，智库影响力研究重心放在智库发挥影响力的途径、机理上。学者们逐步意识到智库不仅可以作为专家直接影响决策者，而且可以影响媒体等传播工具进一步影响决策。斯通（Diane Stone）是第一个对智库实现影响力的原因进行理论开发的学者，并为其后的实证主义的智库研究奠定了理论基础，采用案例分析法分析智库在政策过程中的影响力，指出知识交流在公共决策中的重要性①。

① 参见 Diane Stone，*Capturing the Political Imagination：Think Tanks and the Policy Process*. Frank Cass，1996：26—27.

随着智库在决策中扮演越来越重要的角色，学者们试图对智库的影响力进行评估，定性与定量研究相结合的实证主义分析范式应运而生。西方研究者从多个学科的理论视角分析智库影响力，尤其政治学、公共政策学理论对智库研究影响较深。

比如，政治学精英理论认为，国家的公共政策是由个别有权势的社会精英制定的，主要包括政治精英、经济精英、军事精英等。之后这一范围又扩大到媒体记者、律师、基金会负责人、智库负责人以及名牌高校的校董事们。多姆霍夫认为，智库是专为大企业、大公司精英人物的经济政治利益服务的组织。因为智库的经费主要来自百万富翁、董事会成员、大公司老板的捐款，智库的要职也大多由离任高官担任，因此智库的研究成果也定然反映这些精英人物的思想观点①。

比如，政治学多元论者认为，公共政策是社会中数量庞大的利益集团相互博弈的产物，而智库因为其所具有的独立性和专业性，既可以专家意见和利益集团一起影响政策，也可以影响利益集团进而影响决策。有学者从国家理论的视角解释了智库影响力发挥的不确定性，将国家看做一个有生命的事物，认为国家有保持自主性的惯性，并根据自己的内在逻辑运转。政府制定某项公共政策，没有证据表明国家采用了哪个智库的思想观点主张。相反，智库以及其他政策参与者的思想及行为还会被国家意志影响。

比如，政策过程理论将智库发挥作用的过程进行了时间和空间上的划分。在时间上，政策过程被划分成政策循环的各个阶段，比如：议程设定、政策方案的合法化、政策执行、评估、修正等阶段。多源流模型即是基于政策过程时间划分的智库影响力研究模型，其主要关注政策议程设定阶段。该理论认为政策的制定主要取决于三个源流——问题源、政策源、政治源。在某个关键时刻，当三源交汇到一起，政策问题就被提出。智库的主要作用是影响政策议程设定阶段中的政策源。智库将主要精力放在备选方案上，以对政策循环中的议程

① 参见朱旭峰：《“思想库”研究：西方研究综述》，《国外社会科学》2007 年第 1 期。

设定发挥影响——让国会和政府意识到某个政策问题必须立刻得到重视，使它们逐步重视这方面的问题，并为决策者拿出政治上可接受且技术上可操作的多个备选方案。政策过程理论空间上的划分研究是将公共政策的参与对象作为研究主体。在这一框架下，主要讨论西方政治的“铁三角”结构以及媒体、政策研究机构、公众的参与。智库就是政策过程中非常重要的政策子系统①。

二、智库定量评价

定量评价方法就是依据那些易于识别且可计量的指标对智库活动和表现进行量化评估。这些定量指标一般包括四类：一是基本资源指标，如专、兼职学者规模、年度预算等；二是知识生产指标，如出版物数量、主办或参加的会议等；三是知名度指标，如媒体引用率、网站点击率、报告下载量、国会听证等；四是外部影响指标，如被决策者（或其他精英群体、专业协会等）采纳的建议或报告、进入决策者团队或被提名到政府部门任职的智库专家数量等。其中，前三项是智库定量评价的主要根据②。定量分析方法评价的是智库的单项活动，或某几项活动而非整体，其客观性强，但目前学界对这些指标能否反映出智库的影响力并无共识。

最早运用定量方法开展智库评价的是美国学者多尔尼（Michael Dolny）。从 1996 年开始，多尔尼每年都要撰写一份年度报告，基于 LEXIS/NEXIS 数据库对美国主流媒体对 20 多家智库的引用率进行统

① 参见朱旭峰：《“思想库”研究：西方研究综述》，《国外社会科学》2007 年第 1 期。

② 参见 James G. McGann：Think Tanks and Policy Advice in the United States，2007，pp. 40—43；Howard J. Wiarda，The New Powerhouses：Think Tanks and Foreign Policy，American Foreign Policy Interests，Vol. 30，No. 2，Apr.，2008，pp. 110—112；Mahmood Ahmad，US Think Tanks and the Politics of Expertise：Role，Value and Impact，The Political Quarterly，Vol. 79，No. 4，October-December 2008，pp. 543—545；〔美〕安德鲁·里奇著，潘羽辉等译：《智库、公共政策和专家治策的政治学》，上海社会科学出版社 2010 年版，第 67—94 页。

计和排名，并对年度引用变化情况做出简要分析①。其中有几篇年度报告（如1997年）还进行了回归分析，发现右翼智库比左翼智库更受媒体关注。

加拿大学者埃布尔森在智库评价方面也作出了很多贡献。他将美国外交政策的决策过程当作一个政策子系统，论证了智库参与政府决策过程的作用机制②。他以加拿大21家智库为例，探索了知名度与政策制定过程中的两个阶段的关系，包括参与咨询阶段和出席政府听证会阶段。他还以主流媒体在1985—1997年间和政府多个部门在1980—1997年间引用和咨询智库的数据为根据，试图运用回归分析法来确定智库知名度及其与政府的关系。在其2001年的专著《国会观念》中，埃布尔森提取了2001—2005年间美国6家主要报纸在6个主题项下对12家美国外交政策和安全研究领域的智库的媒体引用量，并据此对这些智库排出名次③。上述方法被进一步应用到他之后的另外一部专著《智库能发挥作用吗？公共政策研究机构影响力之评估》中，但更为系统详尽④。在此之前，埃布尔森还撰写过多篇智库评价方面的研究论文⑤。

多尔尼和埃布尔森的工作奠定了智库评价的基本框架，即首先确定样本种类及数量、时间段、媒体范围等规定要素，然后确定智库的表现如媒体引用或接受政府咨询，最后确定评价目标。之后，2012年，乔治梅森大学的彼特·利森（Peter T. Leeson）等人以计量回归

---

① 上述报告均可在FAIR网站上全文下载，见http网络文献的检索时间均在2015年1—2月。

② 参见Donald E. Abelson，*Think Tanks and U. S Foreign Policy*：*an Historical Perspective*，U. S. Foreign Policy Agenda，Volume7，Number3.

③ 参见Donald E. Abelson，*A Capitol Idea*：*Think Tanks and U. S. Foreign Policy*，Montreal & Kingston：McGill-Queen's University Press，2006，pp. 171—178；p. 147.

④ 参见〔加拿大〕唐纳德.E. 埃布尔森著，扈喜林译：《智库能发挥作用吗？公共政策研究机构影响力之评估》，上海社会科学院出版社2010年版，第89—117页。

⑤ 参见Donald E. Abelson，A New Channel of Influence：American Think Tanks and the News Media，*Queen's Quarterly*，Vol. 99，No. 4，1992，pp. 849—872；Donald E. Abelson，In Search of Policy Influence，The Strategies of American Think Tanks，*NIRA Review*，Spring 1998，Tokyo，pp. 28—32；Donald E. Abelson，*American Think Tanks and their Role in U. S. Foreign Policy*，London and New York：Macmillan and St Martin's Press，1996.

方法，分析了美国州一级的以自由市场导向为意识形态取向的智库（state-based free market think tanks，SBFM），它们在税收、政府支出以及私有化三大领域的 8 个相关公共政策的影响力。[①] 知名智库研究学者里奇（Andrew Rich）首次将回归分析的定量方法应用于智库研究[②]。他通过电话采访政府官员、议员和新闻工作者等智库受众，依据媒体引用和参与国会听证会情况，评价分析不同智库实现影响力的行为差异，回归分析智库预算与智库知名度之间的关系。例如，2001 年里奇对 1991—1995 年间美国 66 家智库的媒体引用和政府听证数据的分析，认为位于华盛顿及意识形态中立的智库更受媒体和国会的欢迎[③]。此外，英国《世界经济》（International Economy）杂志曾先后数次邀请一些学者以《华尔街日报》等主流媒体的引用量为依据，对经济研究类智库及在其中任职的经济学家的影响力进行排名[④]。

在互联网新时代，分享思想变得更为容易，迫使智库具有足够创造力才能吸引公正和政府官员的注意[⑤]。因此，有学者从网络表现评估智库的影响力，包括智库网站的访问量、点击量、下载量，社交媒体粉丝数量，甚至有学者认为相对于访问量和下载量，超链接更能反映智库产品的可靠性、可信赖性，是评价智库知名度和受欢迎度最重要的指标。例如，加拿大学者麦克纳特等人以超链接分析法考察了加

---

① 参见 Peter T. Leeson，Matt E. Ryan，Claudia R. Williamson，Think Tanks，*Journal of Comparative Economics* Vol. 40，2012，pp. 62—77.

② 参见 Ricci David M，*The Transformation of American Politics：the New Washington and the Rise of Think Tanks*，New Haven：Yale University Press，1993，p. 78.

③ 参见 Andrew Rcih. *Think Tanks，public policy，and the politics of expertise*. Cambridge University Press，2009：201—209.

④ 参见 Nicolas S. Ruble，Think Tanks：Who's Hot and Who's Not—The Results of a New Study Comparing Economic Think Tank Visibility in the Media，The International Economy，Vol. 14，No. 5，Sep/Oct 2000，pp. 10—16；Adam Posen，Think Tanks：Who's Hot and who's Not，The International Economy，Fall 2002，pp. 8—11，54—59；Susanne Trimbath，Think Tanks：Who's Hot and who's Not，The International Economy，Vol. 19，No. 3），Summer 2005，pp. 10—15，pp. 39—47.

⑤ 参见〔美〕詹姆斯·麦凯恩、理查德·萨巴蒂尔著，韩雪、王小文译：《全球智库：政策网络与号召力》，上海交通大学出版社 2015 年版，第 52 页。

拿大10多家智库在社会政策、气候变化等5个领域的网络表现。他们认为，较之网站访问量与文件下载量，超链接更能反映出智库产品的可靠性、可信赖性，因而是衡量智库受欢迎程度最重要的指标①。另外，全球发展中心（CGD，位于华盛顿）的克拉克（Julia Clark）和路德曼（David Roodman）除了统计传统的智库表现指标之外，还增加了网站访问量、外部链接和社交媒体（如Twitter）粉丝等网络表现数据，作为对美国20家智库进行排名的依据②。

国际气候治理中心（ICCG，位于威尼斯）三位学者的评价方法是将定量指标赋值，最为与众不同。他们的具体做法是，首先确定智库的出版物、组织活动与研究成果传播三大领域内的15项评价指标，然后通过一个由9家智库负责人组成的专门工作小组确定上述指标各自的权重，此后测度各指标及其相互关系所需的沙普利值（Shapley Value）及互动指数（Interaction Indices），在将上述所有指标均转化为分值之后依次排序。为了更好地反映规模较小智库的表现，他们还设置了两种排名方案：绝对排名以各智库的总评值为依据，标准排名则以人均值为依据③。这份报告评价的是全球近300家气候研究领域的智库，是该中心发布的第二份年度评估报告。利用加权和赋值进行智库评价的还有知名智库专家、芝加哥大学斯塔克教授及其同事海达威。2011年，两学者依据对19个发展中国家的34家政策研究机构相关多种指标的统计和赋值，试图在智库的影响力与其运营方式和环境之间建立起统计学上的变化关系，并运用回归分析法对其调查结果进行了多层面的比较④。

---

① 参见Kathleen McNutt and Gregory Marchildon，Think Tanks and the Web，Measuring Visibility and Influence，*Canadian Public Policy*，2009，Vol. XXXV，No. 2，pp. 219—236.

② 参见Julia Clark and David Roodman，Measuring Think Tank Performance：An Index of Public Profile，*CGD Policy Paper* 025，June 2013，pp. 1—2.

③ 参见I. Alloisio et al.，*The* 2013 *ICCG Climate Think Tank Ranking*：*A Methodological Report*，Venice，Italy：International Center for Climate Governance，June 2014，pp. 28—39.

④ 参见Raymond J. Struyk and Samuel R Haddaway，What Makes a Successful Policy Research Organization in Transition and Developing Countries? *Nonprofit Policy Forum*，Article 4，2. 1，May 2011，pp. 1—30.

三、智库定性评价

定性评价法是指通过问卷调查、访谈、座谈及专家打分的方式来确定智库排名的方法。其与定量评价法最大的不同，是基于受访人和评议专家的主观印象对智库做出评价。

美国智库专家麦甘是智库定性分析法的先驱。他在 1995 年出版的《公共政策研究界的资金、学者和影响力竞争》中，通过访谈和调查问卷的方式，根据自己收集到的数据（如人员组成、媒体引用等），按照知名度、推送策略等 14 个类别对 7 种类型的代表性智库进行了综合性比较[①]。麦甘设计的调查问卷共有 61 个问题，受访者为智库管理人员[②]。这项研究奠定了麦甘之后多年从事智库排名工作的基础。

里奇在《智库、公共政策和专家治策的政治学》中，考察了 1991—2001 年美国医疗改革、电信改革和减税政策三次有争议的政策辩论中智库和专家的意见，并通过对 125 名国会议员和记者的电话采访考察了 306 家美国智库的影响力。此外，里奇还用回归分析法分析了智库预算与公众知名度之间的关系。里奇的这项研究还有另外两个特点：第一，尽量保持受访者职业（国会议员和媒体人员）及政党（共和党和民主党）之间的平衡；第二，公开受访者名单（包括受访者姓名、职位和服务机构）[③]。

除了调查问卷之外，还有几家机构采用的是专家评议法，其中较有代表性的是英国的《前景》（Prospect）杂志和美国宾夕法尼亚大学的麦甘智库研究项目（下文将作专门介绍）。在专家评议方面，国外开展最早（始于 2001 年）和最有影响的是英国《前景》杂志主办的年度

---

① 参见 James G. McGann，*Think Tanks and Policy Advice in the U. S：Academics，Advisors and Advocates*，Routledge，2007.

② 参见 James G. McGann，*The Competition for Dollars，Scholars and Influence in the Public Policy Research Industry*，Latham，MD：Rowman & Littlefield，1995，pp. 81—120.

③ 参见〔美〕安德鲁·里奇著，潘羽辉等译：《智库、公共政策和专家治策的政治学》，上海社会科学出版社 2010 年版，第 203—220 页。

最佳智库评选活动。[①] 其具体做法是，首先由各智库报名，然后由来自欧美多个领域知名专家组成跨界小组决定候选名单，在经过数轮讨论之后，最后评选出年度最佳。2014 年共设“最佳美国智库”“最佳欧盟智库”和“英国最佳智库”三类，以及英国智库中在经济与金融等四个领域的年度最佳等项。该活动在国际上有较高的知名度。受其启发，秘鲁也在 2013 年开始借鉴这种方法开展本国智库评价。《前景》杂志的评选活动有如下几个特点：限于欧美地区、自愿申报、评选项目类别少、仅评出年度最佳。评选专家均为业内知名人士，且名单公开。

除上述案例外，近年来国外另有多家机构也开展过智库评价，如德国《法兰克福汇报》（FAZ）以及韩国的《韩国经济》报社等[②]。德国的莱布尼茨协会，以协会的身份作为第三方的评价机构，通过把关入门门槛以及会员资格门槛，可以最大限度地保证协会内智库的综合实力水平。同时，莱布尼茨协会报告也具有一定的权威性，可以直接影响到智库所需要获得的资源的分配。当然，该协会的智库评价并未涉及全球范围。

四、麦甘的《全球智库报告》

目前来说，对智库综合影响排名相对而言最为系统、影响最为广泛的，无疑是美国宾法尼亚大学的詹姆士·麦甘（James G. Mcann）主持的智库研究项目组从 2007 年开始每年发布的《全球智库报告》。

该系列报告以世界各国智库影响力为其评价研究对象，囊括了 55 个国家的著名智库。报告主要有两方面的内容：统计各国及各地区年

① 参见崔玉军：《〈全球智库报告〉“权威性”难以服众》，《中国社会科学报》2015 年 2 月 4 日。

② 参见 Patrick Koellner，Think Tanks：The Quest to Define and to Rank Them，GIGA Focus International Edition English，Number 10，2013，p. 6，footnote 9；p. 5；p. 4.

度智库存量和全球智库排名。作为首份全球范围的智库评价排名报告，其旨在研究政策与研究机构在世界各地的政府与社会中发挥的作用，并且致力于提升智库的地位和表现，以加强公众对智库在世界各国政府和社会中所发挥的重要作用的正确认知。全球智库报告最终的评价结果是以智库排名的形式呈现，具体包括综合排名和专业性排名。每年排名会有不同程度的变化，不同专业不同地域均有相应的智库排名。根据排名结果来看，我国智库无论数量质量都远远落后于美国等智库大国。排名靠前的智库便可以凭借全球智库评价报告的影响力获得更多的资源和竞争力。虽然其饱受争议，但是它仍是目前全球范围内最权威的一份智库评价报告。该项目设置了多项复杂而详细的质量控制标准，为撰写全球智库报告提供了技术和数据上的支持。

第一，关于评价标准。以 2013 年《全球智库报告》为例，除了可量化指标之外，另有诸如“成功挑战政策制定者的传统智慧，以及激发创新性思想和项目”“生产新知识、创新政策建议或备选政策思想”等方面，是一份非常详细的智库发展战略清单①。它采用的评价指标体系主要分为四个方面：资源指标、效用指标、产出指标和影响力指标（详见表 2—1)。指标体系分为两级，且各指标权重相同。影响力指标只是作为四个指标之一而非全部。

与许多将媒体曝光率（包括智库观点被媒体引用、智库网站的访问量、点击量、下载、超链接）和智库参与政府和国会听证会等较为单一的指标来评价智库不同，麦甘领衔的全球智库评价的指标体系更全面、更系统。麦甘的全球智库提名和排名指标包括定量指标，诸如机构的财源水平，智库产出与成果（学术出版物量、发表的论文、咨询报告、政策建议、媒体引用、网站访问量、采访、被提名出任公职的雇员、获奖等)；还包括很多定性指标，诸如提供新知识，创新政策建议，弥合学术界、政策制定和公众之间鸿沟的能力，对决策者和公

① 参见〔美〕詹姆斯·G. 麦甘著，上海社会科学院智库研究中心编：《2013 年全球智库报告》，上海社会科学院出版社 2014 年版，第 16—21 页。

众的传统思维挑战的成功，机构在议题或政策网络担当核心或核心参与者的能力等。

表 2—1　全球智库排名的影响力评价指标体系

一级指标	二级指标
资源指标（resource indicators）	吸引、留住人才的能力 财务支持水平、质量和稳定性 与政策制定者和其他政策精英的关系 人员研究分析的能力 机构的筹资能力 网络的质量和可靠性
效用指标（utilization indicators）	社会和政治影响力 媒体曝光与被引用数量和质量 网站的点击率 政府部门的简报 政府任命 书籍的销售量 研究报告的传播情况 研究成果的被引用率 举办会议的参加情况 组织的研讨会
产出指标（output indicators）	研究成果的数量、质量 新闻访谈情况 会议和研讨会的组织情况 旋转门的执行情况
影响力指标（impact indicators）	研究成果采用率 网络的聚焦状况 获得的荣誉 列表和网站的优势 挑战传统智慧的成功 在政府运行和民选官员中的作用

第二，关于评选专家。报告采用专家评议法，根据其年度报告，这一队伍越来越庞大，最近几年每年都有超过 1500 名来自世界各地媒体界、学术界、基金会和政界的专家参与评选。专家通过自荐或他荐的方式进行智库提名，建立一份全球智库数据库，根据提名结果由同行和专家进行排名，通过排名结果的汇总，筛掉部分不合规的提名智

库，最终得出全球智库排名名单。

第三，关于评选控制。在评价体系和评选专家确定之后，就是为期三个阶段的评价过程。一是项目组向分布在全球各地的其项目资料库中专家以及其他感兴趣的公众发送电子邮件，邀请他们登录项目组网站，并推荐有资格参加“国际咨询委员会”（“International Advisory Committee”）的人员名单及联系方式。然后，项目组向咨询委员会成员发出提名邀请，请他们按照若干类别分别提名每个类别中他们认为能够排在前 25 名的智库。二是项目组把各智库的提名情况制成表格，经过筛选，凡获得超过五次提名的智库均列入候选名单，确定最终入选智库名单。三是专家确定本年度各类别智库名次。在汇总提名结果后，将所有被提名为顶级智库的候选机构的汇总资料发给“专家小组”（“Expert Panelists”，以下简称“EP 成员”），邀请他们参考项目组提供的评价指标对这些筛选后的机构进行分类排名、确认和调整，在每年年底确定各个类别的最终排名。以 2011 年度为例，项目组共向全球 182 个国家的 6545 家智库发出了参评邀请，并收到了 120 个国家的 1500 多位个人的提名回复，其后要求提名者按照 30 个类别分别推荐出各类别中排在前 25 名的智库，30 个类别共收到 25000 项提名，被提名智库共计 5329 家，其中 202 家智库被提名为世界顶级智库。①

近几年，《全球智库报告》迅速受到我国智库界的关注得到各方肯定，甚至在国内成为引用率最高的智库评价依据。尤其 2014 年，2013 年度《全球智库报告》发布，国内媒体对此事作了广泛报道，有媒体称其“权威性和公信度也受到了业内外的认可”②。同时，因为一些设计方面的缺陷和质量控制比较疏松，《全球智库报告》自发布以来而受到多名业内专家的批评和置疑，主要体现在两个方面。③

---

① 参见王继承：《麦甘“全球智库报告”排名机制及其影响》，《中国经济时报》2012 年 8 月 28 日。

② 赵博：《智库必须思考如何以新形式传播成果》，《文汇报》2014 年 2 月 17 日。

③ 参见荆林波等：《全球智库评价报告》，《中国社会科学评价》2016 年第 1 期。

第一，报告细节不够严谨，存在较多明显的漏洞和错误。仅就涉及中国智库的内容而言，2012 年的报告，将中国社会科学院下属的“世界经济与政治研究所”单独拿出来与中国社会科学院一起参与排名，显然没有搞清楚机构之间的隶属关系。在 2013 年度《全球智库报告》中，在“全球智库前 100 家（不含美国）”排名中，“中国现代国际关系研究院”（CICIR，排名第 28）在“中国国际问题研究所”（CI-IS，排名第 30）之前，但在“全球智库前 150 家”排名中，“中国国际问题研究所”排名第 36，反而位居“中国现代国际关系研究院”（排名 44）之前。《2014 年全球智库报告》中，“世界顶级智库（含美国）”150 强榜单里排名第 48 名与第 99 名的智库都是中国的“国务院发展研究中心”。[①] 像这类“硬伤”还有不少，使得我们不得不怀疑我们相对陌生的国际智库是否也存在这样的情况。实际上，该报告 2009 年将“麻省理工大学经济系”单独拿出来排在“科学和技术类前 10”中的第 2 名，而在此后历年的系列报告中，该智库再也没有出现过在这一类别里面。2010 年的报告，不一致的地方多达 20 余处。英国的“大赦国际”在“西欧前 40”中只排到第 12 名，却同时又被排在了“世界前 10（非美国）”中的第五名；在“西欧前 40”中比大赦国际排名还要靠前的德国“艾伯特基金会”，却未排进“世界前 10（非美国）”类别之中等等。更令人困惑不解的是“布鲁金斯学会”，在 2012 年“环境类前 70”排名中位列第 2 名，然而布鲁金斯学会却在其官方网站上公开声明其并不关注环境政策方面的研究。

上述问题，至少反映了几个方面的问题。比如，研究工作不够严谨细致，导致低级错误没有被发现；对美国之外的智库情况并不熟悉，出现所涉智库所在国家的专家很容易发现的常识错误；研究力量有限，不足以支撑如此工作量大、难度高的研究任务。实际上，承担全球智库评价如此庞大的项目，必须拥有一支具备科学素养的研究团队，必

---

① 参见王继承：《麦甘“全球智库报告”排名机制及其影响》，《中国经济时报》2012 年 8 月 28 日。

须有相对稳定的财力支持。尤其是，麦甘所采用的“主观整体印象评价法”，要求必须通过优秀的调研人员来最大程度地去除主观评价中的偏差，这是保证“主观整体印象评价法”有效实施的关键环节。然而，非常遗憾的是麦甘所进行的该评价项目只由他一名全职工作人员负责，而这个项目的数据收集、研究和分析，不是借助于实地调研或者专门的工作人员进行的，而是依靠来自宾夕法尼亚大学和费城地区其他高校的实习学生进行的。参加全球智库评价项目的这些实习生，本身没有经过严格的学术训练。对于全球智库的理解也比较粗浅，有的学生只是把该项目作为暑期实习以此获得调研经历而已。由此可见，倚重这些人员所进行的调研，其质量是令人担忧的。

第二，评价方法的信度和效度有待进一步提升。在全球智库排名工作中，麦甘采用的是“主观整体印象评价法”。这种评价方法的优点是简便易行，可以快速地对大量客观主体（比如全球智库）进行评价，但与此同时这种评价方法的缺点也十分明显，具体而言就是主观导向的影响过大，评价者所处的地域、所研究的领域、所持有的观点等等都会对全球智库的评价产生不同程度的影响，因而也必然会影响到全球智库评价结果的准确性。我们认为，客观且全面的全球智库评价方法不仅要有主观的评价，而且更需要有大量的、多层次的客观指标的评价。只有主观定性评价与客观定量评价相结合，才能较为全面地对全球智库做出相对公正客观的评价。

与主观评价方法相对应，是专家遴选机制有待规范化与透明化问题。从麦甘报告可以看出，该排名工作中最重要的一环是专家小组的形成。2011 年，麦甘通过在互联网平台上公开民主推荐国际咨询委员会（IAC）和专家小组（EP 成员）的方式，吸收了来自各地区和各研究领域的专家小组成员、跨领域的记者与学者、现任和前任智库负责人、智库的捐助人、社会民众的代表以及其他智库相关人员等组成了专家小组。然而，麦甘并没有给出专家小组成员的专业领域、地区所属、职务职称等具体分布情况，例如亚洲地区有多少人员参与到国际咨询委员会和专家小组等，这些专家成员的构成会直接影响到调查样本对该地区智库的认知熟悉程度。在麦甘致评选专家小组成员的一封电子邮件中，他明确告诉这些评选专家，“你的选择和排名将被严加保密”，同时，麦甘还向评审专家提议，“如果你没有时间为所有智库排名，那就花上几分钟为你所在的地区或你的专业领域的智库排一下名”。这种随意的评选要求显示出该项目在质量把控方面太过宽松草率。

五、埃布尔森的智库知名度评价

埃布尔森把智库影响力中更为具体的公众知名度来作为其评价研究对象，主要采用定量分析的方法，对于智库知名度与智库对于政策制定影响力的大小之间的关系研究，进行了初步的数据收集，并最终得出智库排名。

虽然埃布尔森的智库评价指标不是完整意义上的智库评价体系，但其研究也是一次很有成效的尝试。他通过在不间断的5年时间，进行着包括报纸、媒体、议会援引智库观点的次数的统计，也包括政府向智库进行咨询的次数统计。埃布尔森所进行的小范围的数据收集，对数据之间的相关性进行检验之后发现，虽然智库的公众知名度与智库的政策影响力有着密切的关系，但是二者之间并没有直接的关联性，最终未以报告的形式呈现出来（如表2—2、表2—3所示）。

表2—2　美国一些智库被全国性媒体援引的次数（电视、报纸、杂志）（1998—2008年）①

机构名称	电视	报纸	杂志	总计
布鲁金斯学会	392	8361	431	9184
美国企业研究所	83	4591	262	4936
传统基金会	138	4223	207	4568
战略与国际研究中心	221	2983	138	3342

① 〔加拿大〕唐纳德·E. 埃布尔森著，扈喜林译：《智库能发挥作用吗？公共政策研究机构影响力之评估》，上海社会科学院出版社2010年版，第201页。

续 表

机构名称	电视	报纸	杂志	总计
卡托研究所	35	3023	259	3317
城市研究所	12	1978	97	2075
卡内基国际和平基金会	107	1641	70	1818
胡佛研究所	4	1451	217	1672
曼哈顿研究所	7	1417	128	1552
哈德森研究所	12	1033	94	1139
兰德公司	206	768	18	992
进步政策研究所	2	484	48	534
政策研究所	17	389	11	417
世界观察研究所	2	254	41	297
罗克福德研究所	2	0	0	2

表 2—3 媒体援引加拿大一些智库的次数（广播、电视、报纸）

（2000—2008 年）①

机构名称	广播	电视	报纸	总计
弗雷泽研究所	49	44	5454	5574
加拿大咨询局	32	60	5231	5231
贺维学会	15	14	3026	3055
加拿大西部基金会	22	29	1994	2045
彭比纳研究所	49	38	1885	1972
加拿大另类政策中心	36	19	1331	1386
公共政策研究所	3	7	1117	1127
加拿大战略研究所	3	37	492	532
麦肯锡研究所	14	35	478	527
加拿大政策研究公司	10	7	469	486
公共政策论坛	3	3	447	453
蒙特利尔经济研究所	0	2	449	451
帕克兰研究所	9	2	406	417
加拿大社会发展学会	1	6	368	375
加拿大税务基金会	2	2	356	360
加拿大城市研究所	0	5	258	263
加拿大高级研究所	0	1	223	224

① 〔加拿大〕唐纳德·E. 埃布尔森著，扈喜林译：《智库能发挥作用吗？公共政策研究机构影响力之评估》，上海社会科学院出版社 2010 年版，第 210 页。

续 表

机构名称	广播	电视	报纸	总计
前沿公共政策中心	4	1	187	192
加拿大国际事务所	2	2	183	187
卡利登社会政策研究所	1	0	163	164
南北研究所	2	1	148	151
加拿大经济咨询委员会	0	0	121	121
加拿大议会中心	0	0	71	71
国家福利咨询委员会	4	0	50	54
库契钦公共事务研究所	0	1	33	34
加拿大科技咨询委员会	0	0	29	29
萨斯喀彻温公共政策研究所	0	0	28	28
加拿大国际和平与安全研究所	0	0	15	15
皮尔逊—施亚马研究会	0	0	13	13
加拿大国际和平与安全委员会	1	0	1	2
魁北克国际高级研究所	0	0	0	0

第三章　国内智库评价研究

国外智库评价研究持续时间较长，视角多样化，逐渐形成了一些研究规范。相对而言，国内研究除了极个别研究成果，几乎都在近两年集中涌现，而且大多以研究报告形式出现，智库排名成为焦点。

一、国内智库影响力研究

国内学者对智库的早期研究，主要是对国外智库影响力研究成果的介绍。比如，王莉丽从良好的市场环境、充足的市场需求、高质量的产品、全方位的市场营销四个方面论述了美国智库影响力的形成机制①。并着重论述了美国智库舆论影响力的形成机制，提出了“公共政策舆论场”的概念②，指出智库处于舆论领袖、舆论生产者与传播者的舆论聚散核心地位。黄忠敬从影响力作用对象来分析，认为智库影响力可以分为两方面：一是对政府和决策者的政策影响力；二是对社会和大众的舆论影响力③，并且针对不同的对象影响力发挥方式不同，之后的研究分类更为细致，还包括国际影响力及学术影响力的发挥。陈如为提出了智库综合影响力评价的五个指标④，并从教育、经

① 参见王莉丽：《美国智库影响力形成机制及面临挑战》，《学习时报》2013 年 1 月 28 日。

② 参见王莉丽：《论美国智库舆论影响力的形成机制》，《国外社会科学》2014 年第 3 期。

③ 参见黄忠敬：《美国教育的智库及其影响力》，《教育理论与实践》2009 年第 13 期。

④ 参见陈如为：《美国智库影响力为何那么大》，《秘书工作》2015 年第 1 期。

费、体制、国际交流等视角分析了美国智库影响力如此强大的原因。黄江松则认为欧美智库的影响力主要依赖于其独特、规范、高效的内部管理机制①。逐渐地，学者们也将研究目光放在我国智库影响力发挥上，并研究如何打造中国一流智库。

在影响力的分类方面，学者们有不同侧重点。诸多学者研究如何提升智库决策影响力；王文从智库国际影响力的视角提出要打造中国智库品牌②；吕正韬认为智库主要从内向和外向两个维度发挥作用，对外发挥作用表现为国际上的影响力和话语权，是评价其综合价值的一个因素③；俞可平从要素分析的视角，提出智库发挥影响力的七个要素④。

在研究方法方面，学者开始采用比较研究的方法，通过比较中西智库的特征，影响力发挥的不同途径，为我国智库影响力提升找出经验借鉴⑤。郭琳从政治文化、政治体系、资金保障、法律法规的视角分析了美国智库影响力的产生基础，并为我国智库影响力发挥提出了建议。

在智库影响力理论模型方面，有学者运用政策过程理论，从影响政策制定与政策评估两个方面论述中国智库在公共政策过程中的影响力形成；从 2013 年开始，上海社会科学院对中国智库影响力进行排名，并且列出了一系列评价指标，我们可以看到多元主义、精英主义、社会结构等理论模型的痕迹。

从智库类型来说，有学者研究社会智库影响力提升；也有研究官方智库决策影响力的提升；更有大量的学者研究大学智库影响力的提升；还有学者研究科技智库影响力的提升，比如万劲波。其认为科技智库发挥影响力包括三个方面“主体—对象—环境”：主体主要受智库

① 参见黄江松：《欧美“智库”的影响力从何而来》，《北京日报》2010 年 3 月 22 日。

② 参见王文：《打造有国际影响力的中国智库品牌》，《对外传播》2014 年第 5 期。

③ 参见吕正韬、赵书文：《提升中国智库的国际影响力和话语权》，《对外传播》2014 年第 5 期。

④ 参见俞可平：《智库的影响力从何而来》，《新华文摘》2010 年第 1 期。

⑤ 参见孙蔚：《智库影响力的国际比较与走向判断》，《重庆社会科学》2012 年第 4 期。

的社会资本、思想产品的影响；对象主要指智库研究的受众对象；环境指的是智库发挥影响的渠道、政策问题的介入时机和思想市场的完善与否①。

二、智库评价排名成为热点

在2015年之前，我国关于智库研究的论著不多。相应地，关于智库评价的研究更少。即使有，也大多是在介绍国外智库的时候，论及国外的智库评价问题。比如，林芯竹较早通过访问学者的观察介绍了美国思想库的起源、成因、分类、发展历史及对美国政治、经济和社会生活的影响等，并提及利用政策科学中的多源流模型，分析智库对美国外交政策的影响，并选取了三个指标变量：智库接受媒体报道的次数、智库举办政策研讨会的次数以及智库在国会发言的次数。通过这些指标的比较，得出美国主要智库对公共政策的大致影响程度。②

表3—1 智库影响力指标体系

载体	政策核心层影响力	社会中心层影响力	社会边缘层影响力
文字	中央/部门领导批示	中文核心期刊发表论文数	成果被媒体报道
活动	作为专家接受政府邀请参加咨询会议次数	受邀参加国内全国范围的学术会议次数	接受媒体采访次数

较早对中国智库进行研究，并相应提出原创性智库评价理论的学者，是朱旭峰。他在《中国思想库——政策过程中的影响力研究》一书中，从公共政策基本理论出发，结合社会资本、知识运用、社会结构等相关理论，系统阐释了中国思想库在当代中国政策过程中实现影响力的机制，并构建了一个解释中国思想库影响力的理论模型。③ 他

① 参见万劲波：《科技智库影响力的提升路径》，《科技日报》2014年第11期。

② 参见林芯竹：《为谁而谋——美国思想库与公共政策制定》，知识产权出版社2007年版。

③ 参见朱旭峰：《中国思想库——政策过程中的影响力研究》，清华大学出版社2009年版。

提出了一种基于社会结构观测智库影响力的分析范式，根据影响力策略的不同而引发的智库行为模式的差异，将智库影响力分为三个层次，政策核心层影响力、社会中心层影响力、社会边缘层影响力。在量化指标选取上，从文字和活动两个方面来衡量智库对政策决策的影响（如表 3—1 所示）。从现在来看，虽然这一指标体系新意不多、并比较简单，但属于我国智库研究、尤其智库评价研究的开拓之作。更难能可贵的是，该研究对这一理论模型进行了细致的实证检验和案例分析。一方面，对中国 25 个省市的思想库的问卷调查数据进行了统计分析和假设检验，另一方面，通过 3 年多时间的参与式观察和半结构式访谈，详细考察了 6 个典型思想库的运作模式与特点。相关研究成果，还曾以英文在海外发表①。

2015 年之后，随着中国智库研究的兴起，智库评价迅速成为焦点。其中，智库评价排名如雨后春笋般涌现，是“焦点中的焦点”。归纳起来，时至今日，国内引起较多关注的智库评价与排名研究主要有 5 家，包括上海社科院智库研究中心提出的《中国智库报告》，中国社会科学院中国社会科学评价中心提出的《全球智库评价报告》，零点国际发展研究院（联合中国网）推出的《中国智库影响力报告》，南京大学中国智库研究与评价中心联合光明日报智库研究与评价中心提出的《中国智库网络影响力评价报告》，以及四川社会科学院、中国科学院成都文献情报中心成立“中国智库研究中心”并提出的《中华智库影响力报告》。下面，我们就这些研究报告分别进行介绍。

从基本研究方法来看，可以明显看出从定量研究向定性研究的“光谱”移动特征。上海社会科学院智库研究中心的《中国智库报告》，是典型的定性研究，主要通过征询专家意见为智库进行排名。中国社会科学院中国社会科学评价中心的《全球智库评价报告》，是以定性研

---

① 参见 Zhu Xufeng，The Influence of Think Tanks in the Chinese Policy Process：Different Ways and Mechanisms，*Asian Survey*，Vol. 49，No. 2，March/April 2009，pp. 333—357；Zhu Xufeng，*The Rise of Think Tanks in China*，London and New York：Routledge，2013，pp. 93—127.

究为主、同时结合定量研究，主要通过发放专家评分问卷和智库信息调查表来收集信息。零点国际发展研究院（联合中国网）推出的《中国智库影响力报告》，则采取的是定量研究为主、定性研究为辅的研究方法，定量评分显著多过定性评分的比重。四川社会科学院、中国科学院成都文献情报中心提出的《中华智库影响力报告》，虽然没有明确提出是定量研究，但其数据主要通过网页抓取软件获取，应当归入以定量研究为主的范畴。而南京大学中国智库研究与评价中心联合光明日报智库研究与评价中心提出的《中国智库网络影响力评价报告》，则强调是纯粹的定量研究。

从研究角度来看，可以看出各家研究机构尽力体现自己的研究特色，避免研究对象和内容的重复，同时又发挥自身的研究优势。比如，国内最早开展智库研究的中国社会科学院智库研究中心，发挥对国内智库理解更准确的“本土”优势，将研究对象明确限定为“中国”智库，并同时引进、发布麦甘《全球智库报告》，使得两份报告从形式上来看相得益彰，并弥补后者对中国智库了解不深、排名结果争议较多的缺陷。中国社会科学院中国社会科学评价中心提出的《全球智库评价报告》，则与上海社科院反其道而行之，针对麦甘研究团队力量有限的缺点，发挥自身开展社会科学评价的各方面资源优势，将视野扩展到全球，期望在公信力、权威性上超越麦甘的《全球智库报告》。零点国际发展研究院凭借长期开展市场与社会实地调研的优势，主要通过获取客观数据来开展智库评价，试图在评价方法上对现有智库研究进行超越。针对自己研究能力不足，主观数据部分则直接“借鉴”其他智库评价报告的排名结果；也没有将建立自己的评价指标体系作为着力点，而是引用了现有智库评价中的一些影响力指标，提出《中国智库影响力报告》。南京大学中国智库研究与评价中心联合光明日报智库研究与评价中心则独辟蹊径，将智库评价对象更加明确或更加有针对性，从智库“网络影响力”入手，获取一手的网络信息数据，提出《中国智库网络影响力评价报告》。四川社会科学院、中国科学院成都文献情报中心成立提出的《中华智库影响力报告》，则发挥文献信息搜集的优势，通过获取智库客观数据。

从传播的角度看，现有智库评价已经显著超出了“学术研究”的范畴，重视研究结果的社会影响力。所有的研究报告，都通过正式的“发布会”向社会公布。上海社会科学院智库研究中心将《中国智库报告》与麦甘《全球智库报告》一同发布，有明显的相互借势、扩大社会影响的新闻操作色彩。甚至，零点国际发展研究院和南京大学直接与媒体合作，其中媒体的作用主要在于扩大对研究成果的新闻传播效应，而不是智库研究本身。

三、《中国智库报告》

早在2009年，上海社科院智库研究中心（Center for Think Tank Studies，下文简称CTTS）就已经成立，是全国第一个专门开展智库研究的学术机构。2014年1月22日，中心推出《中国智库年度报告》，在国内首次发布中国智库排名表。随后，该中心已经连续发布2014、2015、2016年度的中国智库评价报告。

《中国智库年度报告》的突出特点，是与麦甘《全球智库报告》的紧密联系。第一，是人员的紧密联系。从2011年起，智库研究中心与美国宾夕法尼亚大学麦甘教授建立合作交流关系，中心成员被邀请作为专家参与麦甘主持的《全球智库报告》（Global Go To Think Tank Index）评选工作。第二，研究方法上的紧密联系。该中心毫不讳言，“2013年起，中心积极借鉴麦甘智库研究项目组的研究方法，专门研制了中国智库的评价标准与方法”。这种借鉴，不仅包括评价指标体系，也包括数据获取方法、排名种类划分等各个方面。比如，该报告的智库评价主要立足于影响力评价，包括决策影响力、学术影响力、社会影响力等；多角度进行评价排名，不仅包括综合影响力排名，还包括分项影响力、系统影响力排名、专业影响力排名等；以主观定性评价为主，借鉴麦甘的评价方法，参考部分客观指标，采用多轮主观评价的方法。第三，两份报告的相互借势。最早，上海社会科学院智库研究中心引起社会关注是从对麦甘《全球智库报告》的引进翻译开始。作为我国首家开展智库研究的学术机构，上海社会科学院智库研究中心已经与宾夕法尼亚大学麦甘智库项目组签署“智库研究报告、学术交流和成果宣传等全面合作备忘录”，其中包括授权翻译、发布《2013年全球智库报告》中文版。麦甘《全球智库报告》之所以能够在国内产生如此大的影响力，除了我国自上而下推动智库建设热潮、以往智库评价研究基础薄弱的大环境之外，还和上海社科院智库研究中心对麦甘《全球智库报告》在国内的持续引介有关。尤其2014年，上海社科院智库研究中心在翻译出版《全球智库报告》的同时，出版发布了自己的《中国智库报告》。两份报告一份定位全球，一份聚焦国内，相辅相成，引起国内广泛关注。

该报告的开拓价值不容置疑，具体研究也不乏创新之处。第一，该报告作为国内首个系统的智库评价研究，显著推动了国内智库研究。在论及我国智库研究尤其是智库评价时，几乎都毫无例外地提及该报告的贡献。第二，该报告根据中国智库建设的特点，在具体研究中做了一些尝试，比如报告将中国智库划分为党政军智库、社会科学院智库、高校智库和社会智库四类。如研究中心相关负责人所言，希望通过《中国智库报告》的发布，更加全面、科学、准确地观察和评估中国智库发展现状和特点及其影响力，并对提升中国特色新型智库的影响力和国际话语权提出相应的对策建议。[①] 第三，为丰富研究内容，在每年度的智库评价报告中，除了智库排名外，都会就往年智库建设进展进行总结，对部分智库研究领域进行理论分析。这种形式，也被其他一些智库研究报告所借鉴。第四，从2014年至今，《中国智库报告》已经连续发布4份年度报告，每年的报告中都会对评价指标体系进行部分调整（详见表3—2至表3—5）。

① 参见曹继军、颜维琦：《上海社科院发布我国首份中国智库报告》，《光明日报》2014年1月23日。

表 3—2 《2013 年度中国智库报告》中的智库影响力评价体系[①]

评价方面	具体特征
智库成长与营销能力	智库成立时间与存续时期长短 智库的研究经费投入 留住顶级专家和研究者的能力 与国内外同类机构合作交流的渠道
决策（核心）影响力	智库研究成果荣获领导批示次数及层次 智库专家参与决策咨询的次数及层次 智库专家应邀给决策者授课的次数及层次 智库专家到政府部门中的任职比例以及智库人员曾在政府部门任职的人员比例（“旋转门”机制）
学术（中心）影响力	智库人员在国内外核心期刊发表、转载的论文数量 智库人员应邀参加国内外学术会议的数量及层次 公开出版学术专著、会议论文集等出版物 公开出版连续型研究报告
公众（边缘）影响力	智库专家在媒体上发表成果或被媒体报道的频率 智库学者接受媒体采访的频率 智库网站建设，包括智库专家拥有博客、微博等自媒体的数量 智库研究对社会弱势群体政策需求的人文关怀

与 2013 年度的评价标准相比，2014 年度的评价指标将媒体影响力与公众影响力分开，将国际影响力从智库成长与营销能力中分列出来，并对具体特征进行了细化（详见表 3—3）。

表 3—3 《2014 年度中国智库报告》中的智库影响力评价体系[②]

评价方面	具体特征
决策影响力	智库研究成果荣获各级领导批示 智库专家参与决策咨询或给决策者授课的次数及层次 智库专家到政府部门中的任职比例以及智库人员曾在政府部门任职的人员比例（“旋转门”机制）

① 上海社会科学院智库研究中心：《2013 年中国智库报告——影响力排名与政策建议》，上海社会科学院出版社 2014 年版。

② 上海社会科学院智库研究中心：《2014 年中国智库报告——影响力排名与政策建议》，上海社会科学院出版社 2015 年版。

续 表

评价方面	具体特征
学术影响力	智库人员在国内外核心期刊发表、转载的论文数量 智库人员应邀参加国内外学术会议的数量及层次 公开出版学术专著、会议论文集和连续型研究报告等
媒体影响力	智库对媒体舆论的引导能力 智库专家接受媒体采访、报道或在媒体上发表成果的频率 智库网站建设，包括智库专家拥有博客、微博等自媒体的数量
公众影响力	智库对公众意识的引导能力 智库研究对社会弱势群体政策需求的关注关怀与行动效果
国际影响力	国际知名度、国际声誉 与国外同类机构合作交流的频率 对国际重大事件的持续关注与分析能力
智库成长与营销能力	智库成立时间与存续有较长的历史时期 智库的研究经费投入 留住顶级专家和精英学者的能力

与 2014 年度智库报告相比，2015 年度、2016 年度智库报告的评价指标体系从二级指标，扩展成为三级指标，从而提升了指标的可测量性（详见表 3—4、表 3—5）。

表 3—4 《2015 年度中国智库报告》中的智库影响力评价体系①

一级指标	二级指标	三级指标
1. 决策影响力	1.1 领导批示 1.2 咨询活动	国家级领导批示 省部级领导批示 国家级政策咨询会、听证会 省部级政策咨询会、听证会
2. 学术影响力	2.1 论文 2.2 著作 2.3 项目	一级学科期刊发表论文数量 入选国家社科基金成果文库 公开出版的智库研究报告 国家社科基金重大/重点项目 中央和国家交办的重大项目

① 上海社会科学院智库研究中心：《2015 年中国智库报告——影响力排名与政策建议》，上海社会科学院出版社 2016 年版。

续 表

一级指标	二级指标	三级指标
3. 社会影响力	3.1 媒体影响 3.2 关注度	在主流媒体发表评论性文章或研究成果被主流媒体引用 参与主流媒体的访谈类节目 具有重大影响的媒体报道 智库网站点击率 移动公众平台关注度
4. 国际影响力	4.1 国际传播 4.2 国际化	是否被国际著名智库链接 智库英文名在主要搜索引擎上的搜索量 是否在世界主要国家设立分支机构 与国际智库合作项目数 聘请的外籍专家人数占比
5. 智库能力	5.1 属性 5.2 效能 5.3 吸引力	智库成立时间 智库级别 人均专报批示数量 研究经费来源中财政资助占比 薪酬水平

表 3—5 《2016 年度中国智库报告》中的智库影响力评价体系①

一级指标	二级指标	三级指标
1. 决策影响力	1.1 领导批示 1.2 检验采纳 1.3 规划起草 1.4 咨询活动	国家级领导批示（件/年）、人均批示量 省部级领导批示（件/年）、人均批示量 全国政协、人大及国家部委议案采纳（件/年）、人均采纳量 地方政协、人大及委办局议案采纳（件/年）、人均采纳量 组织或参与国家级发展规划研究、起草与评估（件/年） 组织或参与省部级发展规划研究、起草与评估（件/年） 国家级政策咨询会、听证会（人次/年） 省部级政策咨询会、听证会（人次/年）

① 上海社会科学院智库研究中心：《2016 年中国智库报告——影响力排名与政策建议》，上海社会科学院出版社 2017 年版。

续 表

一级指标	二级指标	三级指标
2. 学术影响力	2.1 论文著作 2.2 研究项目	人均智库与学术论文发表数（篇/年） 人均智库与学术论文转载数（篇/年） 公开出版的论文集或智库报告（册/年） 国家社科/国家自科重大（重点）项目数（项/年） 中央和国家交办的研究项目（项/年） 地方政府交办的研究项目（项/年）
3. 社会影响力	3.1 媒体报道 3.2 网络传播	在国家主流媒体发表评论文章（篇/年） 在地方主流媒体发表评论文章（篇/年） 参与主流媒体的访谈类节目（次/年） 具有重大影响的媒体报道（次/年） 智库主页点击率（累计，次） 移动公众平台（微信）关注度（累计，人次）
4. 国际影响力	4.1 国际合作 4.2 国际传播	理事会/学术委员会中聘请外籍专家的人数占比（%） 在世界主要国家设立分支机构（是/否） 与国际智库合作项目数（项） 在国际主流媒体发表评论文章（篇/年） 被国际著名智库链接（是/否） 智库英文名在主要搜索引擎上的搜索量
5. 智库成长能力（参考指标）	5.1 智库属性 5.2 资源禀赋	智库成立时间（年） 行政级别（部/厅局/县处/县处以下） 研究领域 研究人员规模（领军人物、团队结构合理性等） 研究经费规模（万元/年） 研究经费来源中财政资助占比（%）

同时，不少学者也提出了该报告存在的问题。① 比如，对智库的界定有待进一步明确。报告对高校智库的遴选，在综合影响力和系统影响力的评选时，以所在大学为单位；在专业影响力评选时，以高校

① 参见荆林波等：《全球智库评价报告》，《中国社会科学评价》2016 年第 1 期。

下属的二级学院和研究中心为单位。如何界定高校智库，将涉及智库数量和规模等问题，值得进一步探讨。

当然，最引起争议的地方在于评价方法，尤其数据获取的可靠性和全面性。这也是智库评价排名研究普遍存在的问题。根据各年度发布的报告内容，智库评价程序是不断改进的。2013 年度，通过问卷调查，该报告项目组获取了被访者对中国现有智库的主要评价信息，并运用问卷信息处理程序，计算加权得分获得中国智库综合排名与各类排名结果。2014 年度，项目组以多轮主观评价法为主，利用相对模糊的序数排名，参考个别定量指标，对于智库影响力进行评价。经过两轮问卷调查，项目组获取了被访者对中国现有智库的主观评价信息，并运用问卷信息处理程序，计算加权得分获得中国智库综合排名与各类别排名结果。2015 年度，首次比较详细地对评价程序进行了说明。该项目主要采用问卷调查和专家评议相结合的方式开展研究。其中，调查问卷采用主观排序法，专家评议则参考了部分智库的可公开指标。评价结果以调查问卷为主，以专家评议为辅。但这些并不能真正回应大家对评价程序透明度、评价权重设定等的疑问，比如，哪些人参与了问卷调研，评委专家的构成、地域分布、学科分布是否均衡等，这些对最终的评价结果起着至关重要的作用，应当公开相关信息。再比如，即使采取主观评价方法，也应当对评价指标的权重加以说明，特别是对排行榜单中的相关智库的得分给予披露，让被评智库做到清楚明了，赢在哪里，输在哪里。而现在只是一个简单的排行榜，无法起到让相关智库发现差距的作用，也很难让他人对其评价工作进行合理的衡量和评判。

四、《全球智库评价报告》

中国社会科学院社会科学评价中心成立于 2013 年，2014 年 2 月正式启动全球智库评价项目。该中心提出的《全球智库评价报告》，最突出的特点是“放眼全球”，把评价对象定位为世界各国的著名智库。

其目标，是做出一份除了麦甘 TTCSP 报告之外的第二份具有较大影响力的全球智库评价报告。作为国内首份将评价范围扩展至全球的智库评价报告，该报告以智库概念、评价方法、指标体系、评价过程为主要阐述对象，并在结尾给出了建设中国特色新型智库的建议。该报告以智库影响力为其评价对象，在评价方法上借鉴了其他报告的方法，采取的是定量与定性相结合的评价方法，增加了第三方评估力量，肯定了同行评议的重要性。

该报告采用的评价指标体系包括吸引力、管理力、影响力三个方面（详见表 3—6）。吸引力（Attractive Power），即智库吸引人才、资金等资源的能力。管理力（Management Power），即智库对于自身运作的管理能力。影响力（Impact Power），是对于公共政策的影响能力。综合评价指标体系由五级指标构成，每级指标分别设有自己的权重，共 355 分，按照一级指标吸引力 105 分，管理力 70 分，影响力 180 分进行分配。在实际应用中，由于一些指标数据获取困难，中国社会科学院社会科学评价中心将上述“全球智库综合评价指标体系”进行简化，制定了所谓的“全球智库综合评价指标体系（2015 年试用版）”，从全球智库综合评价指标体系的子类之中选取了其中的大部分指标作为评价指标体系 2015 试用版的指标。

表 3—6 《全球智库评价报告》评价指标体系

一级指标	二级指标	三级指标	四级指标	五级指标
吸引力	声誉吸引力	决策奖励	机构或其工作人员获得国际或国家级别政府、行业、组织的奖励	
		学术声誉	机构或其工作人员报告、论文、著作等获得国家级奖励	
			研究人员学术道德	
			学术独立性	研究方向和研究内容独立性
				研究结论独立性
		历史	成立时间	
		同行评议	专家评估	
			第三方评估	

续 表

一级指标	二级指标	三级指标	四级指标	五级指标
吸引力	人员吸引力	人员规模	工作人员总数	
		求职比		
		吸引人才的能力	工作环境	
			提供平台	
			个人职业规划	
			待遇	专职工作人员税收平均年收入
	产品/成果吸引力	研究成果吸引力	论文下载量	
			论文转载量	
			网站点击量	网站年点击量
	资金吸引力	资金值	人均年研发经费	
		资金来源	多元化	
管理力	战略组织	发展规划		
		组织层次	严密性、系统性	
		独立性	独立法人资格	
		客户关系管理	与政府、学术机构、媒体、企业、国外机构的关系	专职公关人员
	系统	信息化管理	独立网站	
		流程管理	规章制度	建立与执行的规范性
			战略战术	协调性
		外包能力	翻译	
			数据处理	
			社会调查	
	人员	素质	工作人员学历	拥有学士学位的工作人员数量占工作人员总数的比例
		结构	年龄结构	30～50 岁工作人员占全体工作人员的比例
			性别结构	两性专业技术人员数量差与全体专业技术人员数量的比例
		领导人	管理能力	
		合作能力		
	风格	管理风格	历史传统，文化传承	
	价值观	导向管理	明确的价值观和使命感	
	技术	专业技术能力	专业技术人员学历	
			分析决策水平	

续 表

一级指标	二级指标	三级指标	四级指标	五级指标
影响力	政策影响力	对政策制定的影响力	政府委托研究项目	数量
			研究人员受邀为省部级及以上政府授课、接受省部级及以上咨询	人次
			成果对政策的影响力	决策采纳率
		与政府及决策者的关系	旋转门	曾经在省部级政府任职（包括挂职）的工作人员数量占工作人员总数的比例
				离开机构到省部级政府任职的工作人员数量占工作人员总数的比例
				在省部级政府兼职的工作人员数量占工作人员总数的比例
				曾任省部级及以上政府官员的工作人员数量占工作人员总数的比例
				离开机构任省部级及以上政府官员的工作人员数量占工作人员总数的比例
			官员培训	
	学术影响力	成果发布	出版连续出版物	数量
			发布研究报告、发表学术论文、出版学术著作	专业技术人员公开发布研究报告、发表学术论文的数量
				专业技术人员提交非公开研究报告的数量
				专业技术人员出版学术著作的数量
		论文被引	论文被引量	专业技术人员学术论文被引总量
		学术活动活跃度	举办会议	单独或联合举办公开学术研讨会、圆桌会议、论坛的次数
			学术交流	与国内其他学术机构互访总次数

续 表

一级指标	二级指标	三级指标	四级指标	五级指标
影响力	社会影响力	媒体曝光度	人员媒体曝光度	专业技术人员在国家级广播、电视、报纸和网络媒体发表政策性观点的总次数
			机构媒体曝光度	机构获得国家级广播、电视、报纸、网络媒体报道（含转载）的总次数
		社会责任	社会公益项目	开展社会公益项目的数量
		信息公开度	研究成果开放获取	
			网站内容	丰富性
			网站更新频率	
			成果推送	
	国际影响力	国际合作	与国外机构联合举办学术研讨会、圆桌会议、论坛的总次数	
			与国外机构或个人合作发布学术成果总件数	
			派往国外进行学术访问，参与学术交流、研讨会的总人次	
		注册国外分支机构	数量	
		外籍专业技术人员	外籍专业技术人员数量占专业技术人员总数的比例	
		使用多语种	专业技术人员公开发布研究报告、发表学术论文使用语言	总数
			机构网站语言版本	数量

相对于麦甘和上海社会科学院（以下简称上海社科院）的智库评价报告，全球智库综合评价指标体系有些自己的特点。首先，体现在基本方法上，提出了定性与定量相结合。这是与上海社科院智库研究中心评价方法的一个显著的不同之处。根据智库的研究内容（地区+专业领域），课题组将1781家智库划入39个大类，在每个大类中寻找为该类智库评分的专家。专家来源覆盖世界主要国家和地区的各专业

及各行业，共发放专家问卷 20162 份。同时，在客观评价数据方面，课题组通过邮件、电话、实地走访等方式尝试与所有来源智库建立直接联系，送达智库调查表 1575 份，回收有效调查表 156 份，43 家智库拒绝参与本次评价。课题组从 1781 家来源智库中挑选出 359 家最具影响力的智库，对其中没有返回调查表的智库进行人工信息搜集，以期做到重点智库不遗漏。不管该报告多大程度上实现了定量与定性相结合的评价方法，该思路是值得肯定的。对于已有的全球智库评价，主要依靠主观定性方法已经成为智库评价的瓶颈，需要构建全面的定性加定量的评价指标体系。其次，体现在指标体系上，不再局限于智库影响力评价，而是从智库工作流程角度拓展评价对象。如该报告所说，即从吸引力、管理力和影响力做了分析，吸引力好似一个漏斗，显示智库的外在声誉，对外界的吸引能力；管理力好似孵化器，展示智库的内在运作能力，即智库如何提高内部的有效管理，提高产出能力；影响力好似喇叭，展现智库的对外传播、政策作用等能力。这三种力相互作用，影响力大了则会反哺到吸引力，而吸引力加大则会促使更多的高品质人员聚集到智库，提升管理水平。具体而言，吸引力包括声誉吸引力、人员吸引力、产品/成果吸引力和资金吸引力；管理力按照 7S 理论包括：战略（strategy）、组织（structure）、系统（system）、人员（staff）、风格（style）、价值观（shared value）和技术（skills）；影响力则包括政策影响力、学术影响力、社会影响力和国际影响力。

当然，相对于麦甘报告的多年积累，中国社会科学院社会科学评价中心的报告至今只开展过一轮，短时间内，在有效获取数据方面仍然存在很大欠缺。比如在界定全球智库评价范围时，根据其报告的描述，通过“课题组综合现有国内外智库评价成果，利用互联网、相关著作等对全球重要智库及基本信息进行了摸排和初步收集，并邀请各学科专家推荐本学科的重要智库”，逐步缩小来源智库范围，最终确定来源智库 1781 家。其具体过程和结果的客观性难免差强人意。而课题组将 1781 家智库划入 39 个大类，在每个大类中寻找为该类智库评分的专家，共发放专家问卷 20162 份，但有效回收率并未提及。在客观评价数据方面，课题组通过邮件、电话、实地走访等方式尝试与所有来源智库建立直接联系，送达智库调查表 1575 份，而回收有效调查表 156 份，回收率不到 1/10。

五、《中国智库影响力报告》

2015 年 1 月 15 日，零点国际发展研究院与中国网联合发布了《2014 中国智库影响力报告》。这份报告的主要特点包括：

第一，该报告最大的特点是以定量研究方法为主。零点国际发展研究院即著名的"零点调查"，是北京零点市场调查有限公司或零点咨询研究集团的智库身份。"零点调查"作为商业公司，其业务范围和特长就在于市场调查，从智库评价进入智库研究领域，是发挥其业务本行；而采用定量研究的方法，则是扬长避短，既回避了商业公司与专家学者联系有限的不足，又弥补了现有智库评价以主观评价为主、客观性容易受到质疑的缺憾。

该报告采取的是以定量研究为主、定性研究为辅的研究方法。该报告宣称期望建立一套完全由量化指标构成的体系，但这一体系的确立还需要多年的积累和试错，主观得分的比重将在以后逐年减小，直至去除。在具体操作上，该报告上海社会科学院智库研究中心的智库评价排名作为一级指标，将排名换算为得分后，与他们通过客观指标加总得到的分值进行综合后计算出智库的最终得分。从公式可知，智库排名的得分以量化的客观指标为主。量化评价与主观评价的权重分配采用如下公式：智库得分＝客观指标得分×70％＋主观指数得分×30％。

第二，该报告的研究主体与众不同。具体来说，这是一份社会调查机构与媒体机构的合作成果。与其他智库评价研究机构都是专事研究或教育的"事业单位"不同，"零点调查"是一家商业机构。采用了"零点国家发展研究院"的名称，虽然不能改变其市场机构的身份，但也在一定程度上淡化了其商业色彩。同时，“零点调查”曾经在公益性的民意调查领域积累了一定的社会声望，也有利于加强其社会公信力。“零点调查”与“中国网”进行合作，则是一种以往从未有过的智库研究组织方式。前者具有开展独立研究的能力，后者则有扩大研究成果社会传播效果的优势。至于这种合作方式未来效果如何，是否具有良性的可持续发展空间，则有待进一步观察。

第三，该报告在指标体系的设计上并未着力过多。该报告采用了现有智库评价最常见的以智库影响力为评价对象的角度，其智库影响力分类也采用了最常见的指标，即专业影响力、政府影响力、社会影响力和国际影响力。每类影响力设置 3～5 个客观指标。每个二级指标在数据收集过程中可能会根据实际情况再分为更详细的指标，比如研究人员数量会再细分为国内研究人员和国外研究人员（详见表 3—7）。

表 3—7 《2014 中国智库影响力报告》评价指标体系①

评价指标	具体指标
专业影响力	智库研究人才的数量 在期刊上发表文章的数量 出版专著的数量 公开发行刊物的数量
政府影响力	智库承担政府委托项目的数量和级别 研究成果获得批示的数量和级别 智库参加政府座谈会的数量和级别
社会影响力	智库在互联网搜索引擎上的搜索量 国内主流媒体对智库的报道量 智库及其主要负责人在网络平台上的粉丝量
国际影响力	智库与国际机构合作的频次和方式 与智库合作的国外智库的数量 智库主要研究人员在国际论坛上发言的数量 国外媒体对智库的报道量 智库在国外设立分支机构的数量

① 零点国际发展研究院：《2014 中国智库影响力报告》，中国网 http：//www. china. com. cn/opinion/think/node _ 7218805. htm.

这也意味着这份报告具有浅尝辄止的特点。例如，报告没有公开相关智库的最后得分，也没有完全展示量化的过程，缺乏评价的透明度。尤其是对智库的界定没有给出一个明确的范围，对智库的客观数据、打分等也没有加以公开。“零点调查”相关人员也认为，该报告在具体数据采集上仍然存在较大的问题，对数据采集所投入的人员和时间不够充足，评价过程中征求的专家也还不够全面。①

六、《中国智库网络影响力评价报告》

2016年7月12日，光明日报智库研究与发布中心和南京大学中国智库研究与评价中心在光明日报社联合发布《中国智库网络影响力评价报告》。这份研究报告具有以下特点：

第一，这份报告的评价指向非常“聚焦”。它首次引入智库网络影响力概念及定量分析方法，提出智库网络影响力评价模型。这份报告将庞杂的智库评价指标体系的范围一再缩小，从庞杂的智库评价体系到明确的智库影响力，到传播影响力，最终到网络传播影响力，可以说是对智库评价研究的一个新的尝试。作为我国首份网络影响力评价报告，其在评价范围上另辟蹊径，将智库影响力范围缩小至网络影响力，这种做法有其合理性。通过聚焦评价指向，一方面，反映了“互联网+”时代中网络在信息传播中的重要性，包括智库研究成果的网络传播；另一方面，避免了与现有智库评价研究可能存在的研究过程重复和研究结果冲突，又大大减少了智库评价研究的工作量和难度。

第二，这份报告更加强调属于“纯”定量研究。基于上述大大缩小评价指标范围的做法，以及一些网络数据容易公开获取的特点，相应地也就显著提高了评价指标的可测量性。表面上看，这是一种“讨巧”的做法。背后的原因，是近些年来对于智库评价指标体系的争议性一直存在，并且有愈演愈烈的趋势。其实质，则在于现有智库评价

① 参见荆林波等：《全球智库评价报告》，《中国社会科学评价》2016年第1期。

存在的缺陷、受到的质疑和面临的困境，也就是构建评价体系的难度，获取无论主观定性数据还是客观量化数据的难度，以及评价结果的公信力不足。

第三，这份报告采取了研究机构与媒体机构的合作方式发布研究成果。这种运作方式，和“零点调查”＋“中国网”的合作相类似。一方面，可以看做智库研究方式的创新；另一方面，也可以看做智库研究者，尤其是智库评价研究者的“浮躁”，过于看重宣传效果。

可以看出，该报告总体上比较“简单”。首先，是评价指标的确定比较“简单”。从媒体传播的角度来考察智库影响力的思路，无疑借鉴了国外智库研究的经验。然而，由于国内外政府决策机制的显著差异，相对于西方国家，尤其是美国，我国媒体传播与智库影响力的相关性高低值得商榷。用媒体传播数据，甚至进一步聚焦网络传播数据，来评价智库影响力，其公信力也容易受到质疑。其次，研究对象的确定也比较“简单”。该报告对选定的 68 家样本进行了排名。这 68 家智库的来源主要有 6 个，第一个是来源于美国宾夕法尼亚大学全球智库综合排名中入选的中国智库，第二个是上海社会科学院对我国智库排名中全部的中国智库，第三个是中国社会科学院排名入选的中国智库，第四个是四川社会科学院对我国智库排名中的全部中国智库，第五个是“零点调查”“中国网”排名的中国智库，以及 2015 年入选的 25 家国家高端智库。

同时，该报告也呈现出“复杂”的一面。该报告提出了智库网络影响力评价模型。按其说法，该体系称为 RSC 评价指标体系，由二级指标构成，主要分为网络资源指标 R、网络传播能力指标 S、网络交流能力指标 C 三个部分（详见表 3—8）。三个指标分别代表雪球上的三个三等分点，当智库不断滚动时，雪球也就越来越大。如果三个指标不能均衡的发展，那么雪球也就不再保持球形，而会变成其他形状，也会影响雪球的坚固程度。[①] 这些略显牵强的英文符号、比喻说法，

① 参见陈媛媛、丁炫凯、李刚：《中国智库网络影响力评价报告》，光明网 2016 年 7 月 12 日，http：//topics. gmw. cn/node _ 88495. html.

以及详尽的数据统计运算过程则有些“复杂”。

表 3—8　《中国智库网络影响力评价报告》评价指标体系

评价指标	具体指标
网络资源指标 R	机构 H 指数 社会化媒体文章数 网络显示度 网络新闻显示度 网络入度和网络出度
网络传播能力指标 S	网络总链数 网络入链数 网络内链数 社会化媒体文章阅读量 社会化媒体文章点赞量
网络交流能力指标 C	网络影响因子 网络使用因子 社交媒体文章转发率

七、《中华智库影响力报告》

2015 年 11 月 24 日，《中华智库影响力报告（2015）》由四川省社会科学院、中国科学院成都文献情报中心联合成立的“中华智库研究中心”发布。一年之后，又发布了《中华智库影响力报告（2016）》。该报告的评价指标主要有五项。具体包括决策影响力、专业影响力、舆情影响力、社会影响力和国际影响力等一级指标，以及相应的二级、三级指标（详见表 3—9）。采取主客观相结合的方法来进行每级指标的赋权，最终得出三类智库排名：综合影响力、分项影响力、分类影响力排名。

根据报告内容及相关报告，该报告的特点在于，国内首次将大数据理念引入智库影响力评价的研究成果。具体来说，该项目组建立了“中华智库数据平台”。其目标，不仅为首次智库评价提供客观数据，也通过持续地收集智库数据，为后续的研究提供基本素材。智库信息采集既通过程序自动采集，也有人工录入。人工录入的数据来源于主要智库的官方网站、国家科学技术奖励工作办公室网站、国家自然科学基金和社会科学基金官方网站、各省市社科联和科技厅官方网站等，将需要的信息逐一写入平台。自动采集的部分主要使用了网页分析工具，数据来自于不同的信息源。在进行智库排名之外，还为每家智库建立自己的数据库，尝试建立智库专属的大数据平台。通过大数据平台的建立，帮助不同智库抓准自身角色定位，找准自身缺陷，以便总结分析得出未来的发展策略。

表 3—9 《中华智库影响力报告（2015）》评价指标体系①

评价内容	指标特征
决策影响力	政策导向：智库专家到党委、政府部门挂职；智库专家给领导授课 政策制定：智库研究成果被领导批示；智库承接党委、政府研究项目 政策评估：智库承接政策评估项目
舆论影响力	传播平台：智库机构承办网站；智库专家接受媒体采访报道 传播内容：对突发公共事件舆论导向；对重要议题舆论导向 传播效果：智库机构官网访问量；智库官方微博粉丝数
社会影响力	公众影响力：智库机构或专家举办公益性讲座；智库公众知晓及认同状况；智库对公众意识与行为的引导能力 助推发展力：智库对社会弱势群体政策的导向；智库对区域社会发展政策的导向；智库出版的皮书 创新支撑力：智库专家获得的专利授权；智库机构获得的省部级以上奖励
专业影响力	思想启迪能力：顶级专家及精英学者 知识编码能力：国家级和省部级课题立项；智库专家在国内发表的高质量论文；公开出版的学术专著及会议论文集 创意扩散能力：智库举办国际及全国性专业学术会议；智库自办刊物
国际影响力	成果影响：科学引文索引和社会科学引文索引收录论文；论文国际总被引数 学术交流：与国外同类机构合作交流；外脑使用

① 中华智库研究中心：《中华智库影响力报告（2015）》，四川省社会科学院网 http：//www. sass. cn/101009/31331. aspx.

第四章 从智库影响力到智库能力

如前所述，智库评价研究自始而终就充满着争议，至少表现在三个方面：智库评价排行“榜单”受到质疑；智库评价数据获取过程和结果受到质疑；智库评价指标体系存在争议。有学者认为，虽然当前的智库评价体系仍存在着各种各样的争议，但不能否定其社会贡献，智库评价排名体系也一直在进步和完善，仍有相当大的发展空间[①]。那么，我们就要深入探讨：这些争议的症结所在，症结背后的原因是什么，以及如何寻找解决问题的思路。

本书认为，智库评价的最大障碍在于其测量难度，从而带来对评价结果的一系列争议。而之所以出现以上争议，其背后原因在于智库评价研究本身走入误区，主要表现在三个方面：智库评价研究过于将注意力放在影响力这个视角；智库评价研究过于将落脚点放在排名上；智库评价研究理论框架不清晰。要解决上述问题，就需要有针对性地排除以上误区。在评价思路上，明确智库形成与壮大的过程，也就是智库能力建设的过程；在评价内容上，从智库影响力转到智库能力；在评价落脚点上，从追求排名，到对照重要指标进行检验，立足智库建设；在具体目标上，重视智库评价理论框架的构建问题。

---

① 参见朱旭峰：《智库评价排名体系：在争议中发展完善》，《光明日报》（智库版）2016年2月3日。

一、智库评价的主要障碍：难以测量

智库评价的最大问题或挑战，在于智库本身难以测量。智库评价就是对智库运营其中的各种环境因素的整体认识，其面对的不单是智库一方，还有比智库更复杂的其他不可忽略的因素，如复杂的政策制定过程、国内外具体的政策环境、评价人（包括受访者、评议专家）的专业水平及政策认识水平等等。因此可靠的、具有公信力的智库评价要面对许多难以克服的挑战。从方法上来看，智库方法有两种，一种是定量分析，一种是定性分析。然而我们发现，无论采取何种评价方法，都难以达到客观评价智库并获得较高社会公信度的目标。

第一，智库影响力难以被定量评价，主要在于数据资料的效度问题，就是量化数据在多大程度上能够说明智库影响力大小。

定量分析方法，是依据一些可量化的数据作为评价依据。定量分析的优势在于易于操作，有时的确可以反映智库在一个或多个方面的表现，显示出与政策制定之间的某种相关性。埃布尔森认为，应该把媒体的引用或智库的公众知名度与不同的政策议题、政策阶段及智库自身的属性如预算规模、政策立场结合起来，以数据为基础，采用回归分析方法，在智库影响力与智库表现及其知名度之间建立起一种实证关系①。

不过，定量评价的劣势在于往往不能反映智库的真实影响力。定量分析是智库评价中被运用较多的一种方法，但有些国外学者除了对智库评价表达了普遍的怀疑之外，还直接对定量评价法能否反映出智库影响力感到怀疑。因为，所采集的数据与智库影响力并不一定有必然的联系，也就是定量分析结果与政策影响的相关性问题。即使辅以一些数学统计方法（如回归分析），使得智库的一些产出指标的确可以

① 参见 Donald E. Abelson，Public visibility and policy relevance：assessing the impact and influence of Canadian policy institutes. *Canadian Public Administration*，1999，pp. 240—270.

与智库影响力之间建立起某种关系，那么这种关系也不一定可靠，更不一定能够普遍适用于各个国家。比如传统媒体影响力和当前热门的网络影响力，这方面的智库产品及其产量不等同于影响力。某家智库的研究报告被《华盛顿邮报》引用并不意味着会对决策者产生影响。媒体报道或网站浏览量等指标仅仅是表示某个机构的知名度、活跃度，但并不真正表示智库的思想转化成政策或被决策者知悉。

把数字看作政策影响力，这是可以理解的。在国外，智库排名研究得到一些智库管理层的认可，有其特定的智库生存和发展情景。因为这是智库扩大宣传的根据，也有利于筹款。但在严谨的学者看来，那些看上去貌似事实的可能不过是猜测而已。因为，有些智库开展研究、推广成果、寻求捐款和培养政治人脉的方式，很难被一般人直接观察到。在这种情况下，即便知情者不断地谈起某些掌故逸闻，其行动细节也可能不过是道听途说而已。不仅如此，许多可识别的行动——例如举办说明会、午餐会、研讨会——也不过是过眼烟云而已。就如里奇所说："在研究这一课题的时候，我密切地观察这些智库的所作所为，从他们写作、举办研讨会到参加政策说明会或早餐会。我还询问智库的研究人员和管理人员，他们如何看待这些活动的产生结果？我看到、听到的越多，越明白无人确切知道会发生什么。"①

第二，智库影响力难以被定性评价，主要问题在于数据资料的信度问题，即定性评价本身的客观性、可靠性难以保障。

定性分析的话，是指通过问卷、专家打分等方式进行智库评价。这个方法的优势在于，如果专家能力突出，对于智库十分了解，那么可以更全面准确地给出评价。但同时，专家的选取却是定性分析法难以解决的一个重要问题。

国外学者对定性类智库评价的研究，大多针对美国宾夕法尼亚大学麦甘智库研究项目组提出的年度全球智库排名。其批评和质疑之处，

① David Ricci：*The Transformation of American Politics：the New Washington and the Rise of Think Tanks*，New Haven：Yale University Press，1993，ix.

主要集中在该项目实施中的评选专家人选不透明，以及评价过程中质量控制不够严谨等方面。因为与《前景》杂志提出的评价报告不同，该项目组一直没有公布评选专家名单。这些观点从一个侧面反映出，国外学者对智库评价定性分析的可靠性值得探究。开放社会基金会（OSF）智库基金项目负责人布尔迪奥斯基（Goran Buldioski），是一名在智库领域颇为活跃的学者。他认为，像这种全球范围内的大型智库排名，应该公布参评专家的名单。因为这样可以为其活动增加可信度——避免互相投票及其他可能的舞弊行为，也可避免 A 地区（专业领域）的专家参加他并不熟悉的 B 地区（专业领域）智库的提名和排名这种缺陷①。路德曼也从区域均衡的角度指出了该项目的设计缺陷：因为美国智库数量众多，评选专家很可能多半是美国人，且对美国智库更熟悉。相比而言，有些国家的智库可能非常出色，但往往没有多少评选者了解它，甚至不知道它的存在。

在专家定性评价中，评价指标体系往往成为“摆设”。实际上，在评选专家因素之外，国外很多学者也提出应该加强评价过程中的质量控制。一些智库评价报告有着严密周详的评选标准，例如，《全球智库报告》2014 年的标准含有 4 个指标体系和 28 项标准。尽管如此，如何保证这些提名者和专家严格遵守这些数目众多的标准？如何避免他们走捷径，比如说基于与智库的个人关系或仅仅关注那些名气大的、历史悠久的智库？排名过程中的不透明和不完善造成的不实排名不但会误导捐助者，而且还会鼓励一些智库为提高名次而弄虚作假，比如挖空心思开展“动员投票”，甚至与其他智库勾结操纵投票。

第三，即使定性与定量相结合的方法也难以保证智库评价效果，因为症结在于智库影响力本身难以界定，这不是研究方法能解决的问题。

相比于麦甘《全球智库报告》的单纯定性分析方法，有些智库评

① 参见 Goran Buldioski，“The Global ‘Go-To Think Tanks’ and why I do not believe in it!” 02/02/2010，http ：//goranspolicy. com/ranking-think-tanks/.

价研究采取了定量分析和定性分析相结合的路线。比如，国内上海社会科学院《2015 年中国智库报告》主要采用定性分析和定量分析相结合的评价方法。其中，定性分析是通过调查问卷的形式采用主观排序法，定量分析是在定性分析的基础上参考部分智库的可公开指标进行多轮专家评议，对调查问卷得出的智库排名结果进行局部修正，力图在探索中不断完善主观评价与客观指标相结合的智库影响力评价方法。以定性方法为主、定量方法为辅，希望在一定程度上辅助的定量分析弥补了定性分析主观性较大的缺陷。与上海社科院《2015 年中国智库报告》采用评价方法相似，中国社会科学院《全球智库评价报告》同样采用了定量与定性相结合的评价方法。不同的是，以定量分析为主，力求突破单纯依靠主观定性评价方法的瓶颈，以构建全面的定性加定量的评价指标体系。而且，相对于麦甘报告和社科院报告，该报告采用了定性分析法中的专家评分法，通过分值对专家的主观性做了进一步区分。在定量分析方面，报告通过多种方式（邮件、电话、实地走访等）来搜集智库的相关客观评价数据。

然而从以上分析可以看出，无论定性方法，还是定量方法，都不能保证智库评价结果的客观性。表面上，定量分析和定性分析在智库评价领域各有其优缺点，是互补关系。定量分析法能够反映智库某些方面的活跃程度，但难以反映出其整体表现或政策共同体中对该机构的基本印象。相反，定性分析以访谈和调查问卷及专家评议为主，减少了对数据和指标的依赖，如果受访人或专家对该机构的了解比较深入全面，相对而言反而更容易确定其整体影响力。不过，在运用定性分析法评价智库时一定要严格质量控制（包括受访人或评选专家的甄选），否则会影响到排名结果的公信力。然而，与一般实证研究不同，在智库评价领域，定量分析和定性分析两者之间不是互补关系。问题的症结所在，并非采取何种分析路线，而在于智库影响力评价本身的难以测量特征。

第四，智库“跨界”评价现象的存在，更加剧了智库影响力排名的争议。所谓智库“跨界”评价，既包括对不同国家或地区智库的横向对比评价，也包括对不同专业领域智库的横向对比评价。

相对于同样专业领域的智库评价，不同专业领域的跨界评价在逻辑上难以成立。智库成果具有特殊性，只能特殊情况特殊分析，而并不存在任何政策建议是具有专业及地域的整体适用性。因此，进行跨界的比较，暂且不说难以实现，就算可以实现，也容易让人质疑其意义。比如，美国的布鲁金斯学会和英国的经济与政策研究中心（CEPR）之间，关注的问题不同，运营环境也不同，这两个智库之间的比较有多大价值？简单而言，不同国家的智库对政策制定的作用也不一样，其运营方式和营销策略也有较大差异，因此全球性或区域性智库排名价值不大。

不少学者提出应对“跨国”智库评价进行反思。相对于同一个国家的智库评价，跨国的全球智库评价难度更大。在完全不同的决策体制下，难以想象如何进行横向智库影响力评价。政策具有本地属性，以政策为中心的智库不能离开其所在国家的政治、社会和经济环境，因此不同文化、政治制度之间的智库比较既比较困难也没有意义①。成功地把定量指标和智库影响力联系起来的智库评价报告，大都以个案研究为主。不仅仅需要把辛苦收集来的数据分析、总结、拼合起来，还要与具体的环境结合，以便对其发现做出合理的解释。这些环境因素包括何种政策讨论、智库所在的具体国家（比如说，加拿大和美国）、智库的推销策略等。当然，评价者（如里奇、埃布尔森等）自身对所评价的智库及其运营环境的了解程度也非常重要。换言之，智库的影响力有赖于在不同的政策阶段和环境中展示其特殊能力的能力。这样，如何判断美国的智库（有丰厚的捐赠，敢于自由地表达其集体思想）优于厄瓜多尔的智库（运营资金匮乏、不敢畅所欲言）？②

---

① 参见 Enrique Mendizabal，Another year，another ranking of think tanks，January 21，2011， http：//onthinktanks.org/2011/01/21/another-year-another-ranking-of-think-tanks-and-surprise-surprise-brookings-is-still-the-best/？relatedposts _ exclude=538.

② 参见 Enrique Mendizabal，on rankings，November 23，2010，http：//onthinktanks.org/2010/11/23/on-rankings/.

实际上，现有智库研究报告，无论中外，往往都有意无意地掩盖了“跨界”评价问题。即使有些智库评价报告提出了专业智库排名的概念，但最引人注目的智库榜单无疑仍然是“综合”排名。至于“全球”智库报告，无论其综合排名，还是专业领域排名，“跨国”因素都没有被充分考虑进去。

第五，国内研究报告大多淡化“官方色彩”，突出个性研究特质，但这种“市场化”评价模式在中国的适用性值得商榷。

有人将国外智库评价分为三种模式，包括以市场为主导的美国模式、以第三方为主导的德国模式和以政府为主导的日韩模式。[①] 美国市场经济体制十分完善，市场在资源配置过程中起决定作用。在此背景下，美国的智库评价模式是以市场尤其是政策市场为主导的，即智库存留与否、成功与否主要取决于市场，由市场对智库整体运营做出评判——符合市场需求的智库就会逐渐壮大，不符合市场需求的智库则会逐渐萎缩，直至倒闭。也就是说，美国智库的评价主体是市场，评价标准是其在市场竞争中的表现。

与美国市场主导的智库评价模式不同，德国设有中立的第三方机构专门负责对全国智库进行评价，其中以莱布尼茨协会的评价最为权威。莱布尼茨协会本身也可以看做一个智库，或者更为准确地说，它是德国各专业领域研究机构（智库）的联合协会。该协会拥有法律所赋予的对全国研究机构和智库，尤其是国家级和州级研究机构进行评价的权力。作为德国著名的科研评价机构，莱布尼茨协会制定了完善的评估标准和体系，以及科学的评估流程和原则，组织专业力量对智库进行评价。在德国，智库一般要接受两个层面的评价。首先，在加入莱布尼茨协会之前，智库需要委托第三方评价机构对自身进行评价，评估智库是否满足加入莱布尼茨协会的要求；其次，在加入莱布尼茨协会之后，智库要接受协会的评估，这种评估是周期性的，如果智库被要求退出协会，就无法再得到国家的资金支持。但智库可以通过自

① 参见孔放、李刚：《国外智库评价的主要模式》，《新华日报》2015 年 7 月 10 日。

身的调整和发展，重新通过评价加入莱布尼茨协会，获取国家资金支持。

日本和韩国的智库评价有着很深的“行政”烙印。日本一般会在智库内部设立评估委员会，专门负责监督和评价智库运作。评估委员会虽然是智库内部的组织机构，但其人员一般由国家公务人员和兼职教授组成，代表国家的利益对智库活动进行监管和评价。韩国的智库评价则全部归属于国家经济人文和社会科学研究会（NRCS）管理，NRCS不是一个第三方的联合协会，而是由韩国政府设立的智库管理机构。由此可见，日韩的智库评价模式基本是以国家为主导，以政府为评价主体，这与日韩智库的资金来源和智库体系是分不开的。

相较于以上智库评价模式，我国当前智库评价研究报告的模式大多更接近于美国。因为，国内智库研究大多源于各社会机构自发推动，并非政府或协会统一组织。由此，其权威性只能来自报告本身的质量，而非政府或协会的官方认可。然而，和美国相比，我国智库所处的体制环境远非那么“市场化”。实际上，国内关于智库影响力的数据，大多来自被公开报道的媒体数据。相对其真实的决策影响力，这些数据是非常片面的。实际上，一些体制内智库对社会上的智库评价排名并不关心。

二、智库评价的主要误区：局限于影响力

智库的任务是生产政策产品。从影响力的角度，其成功与否的标准就是这些产品有多少被决策者采用。即与企业一样，有多少产品被推销出去。然而，企业成功的标准是利润，与企业不同，智库不是通过利润而是在塑造公共舆论、政策偏好和决策者的选择等方面的影响力来衡量其成功。这是一个难以量化、不好把握的标准。实际上，几乎所有学者都认为，智库评价是一件很有挑战性的工作。

从前述章节可以看出，智库评价研究，尤其国内智库评价研究，大都以智库影响力评价为主要内容。比如，“零点调查”的《中国智库

影响力报告》，南京大学中国智库研究与评价中心的《中国智库网络影响力报告》，以及四川省社会科学院、中国科学院成都文献情报中心提出的《中华智库影响力报告》，都直接将影响力作为唯一的评价内容。即使上海社会科学院智库研究中心的《中国智库报告》，随着评价指标体系的完善，更加重视智库的成长能力，但也仅仅将其作为参考指标。而中国社会科学院社会科学评价中心的《全球智库评价报告》加入了吸引力和管理力的评价内容，但影响力仍然为主要评价指向。有学者明确认为，“智库评价就是确定智库在政策开发、辩论、决定及评估等各个环节对政策议程发挥了何种影响力。”①

在任何领域，影响力评价都极具挑战性。作为评价标准的各种形式的智库成果本身难以衡量，而评价智库影响力难度更高。② 其根本原因，在于政策过程复杂，是否有智库参与决策过程，以及是否产生实质影响力，都难以确定。尤其思想性较强的智库成果，在智库或者其他任何非组织、个人提出之后，其产生任何可识别的影响通常需要数年时间。正如美国外交关系委员会（CFR）副总裁谢尔兹所说：“因为我们从事的是观念生意，所以很难精确追溯某一观点来自何方，以及是否对政府产生影响。”③ 里根当选总统之后，传统基金会宣称，该智库的作品《领导人的任务》中超过 60%的政策建议已经或正在被里根政府实施。但实际上，许多学者认为，被划到传统基金会名下的许多建议多年前已经被其他个人或机构提出了④。许多机构声称自己是那些受欢迎或进入决策的政策观点、产品的原创者，但在公共政策这种产品上，没有类似于 DNA 这样的物质实体来验证其渊源和血统。观念的产生不是一朝一夕的事情，也不是某个人的产物，甚至不是一

---

① 崔玉军：《国外智库评价：理论与实践》，《社会科学论坛》2015 年第 11 期。

② 参见〔德〕帕瑞克·克勒纳、韩万渠：《智库概念界定和评价排名：亟待探求的命题》，《中国行政管理》2014 年第 5 期。

③ Donald E. Abelson，*A Capitol Idea*：*Think Tanks and U. S. Foreign Policy*，Montreal & Kingston：McGill-Queen's University Press，2006，pp. 171—178；p. 147.

④ 参见 Lee Michael Katz，American Think Tank：Their Influence is on the Rise，*Carnegie Report*，Vol. 5，No. 2，Spring 2009，p. 18.

成不变的过程，确定其来源相当困难。

对于相同的政策问题，可能会存在智库之间产生相同看法。提供相同或类似的政策建议的情况，使得智库思想归属划分不清。由于寻求影响政策制定的个人和组织数量越来越多，追寻政策观念的起源就变得非常困难。事实上，智库产品从提出到被引入政策制定，它可能已经不是最初的样子了，这就更加提升了确定其“思想”原创者或所有者的难度。政策制定是一个历时较长、透明性较弱的过程，智库在不同的阶段有着不同的作用，其影响程度也差别较大。政策建议被采纳需要较长的一段时间，而大多数情况下，被采纳的政策建议与最初的政策建议存在较大的差异。政策观念的产生和演变比较复杂，难以追溯其来源和原创者。这也就造成了难以判定智库所产生的影响力的局面。① 很多情况下，多个机构和个体都参与了政策制定，智库仅为其中比较重要的参与者之一；在评价其作用时，需要将智库的贡献与其他参与者剥离开来，这在操作层面上比较困难。

智库评价不仅涉及智库一方，更与智库所在的决策环境关系密切。对于我国来说，部分政策制定过程处于不透明状态，智库报告是否发挥作用尤其特定智库报告是否发挥作用发挥了多大作用，更加难以确定。即使有一些体制内智库报告对决策产生影响，这些智库报告也是不公开的，其作用更不为社会所知。相应地，提出智库报告的机构，其决策影响力也难以被外界所知晓，也就不能体现在智库评价研究中。所以，无论采用定量数据评价，还是采取专家主观印象评价，智库影响力评价都难以测量。坚持以智库影响力为评价对象进行智库评价研究，不能从根本上实现以评价促进智库发展的目标。

另外，我们必须面对的现实是，现有智库评价研究过于注重智库排名。实际上，所有的智库研究报告的最终成果，也是最重要、最引人关注的部分，就是智库评价排名。然而，质疑的焦点，恰恰是智库

---

① 参见郝时远：《中国智库在全球智库排名中的启示》，《中国社会科学报》2013 年 9 月 18 日。

排名。即使国内当前研究推动了智库评价的本土化，也没有消除对多个智库排名“榜单”的质疑。有学者已经意识到，智库成果的价值及其社会影响可能比排名更重要①。

还有，智库评价研究缺乏理论框架，或理论框架缺乏严谨的内在逻辑。一些研究机构发布的中国智库报告，往往在无任何理论分析下直接提出若干智库影响力评价指标，仅采用少量受访者的简单主观性评价，具体受访者、评价程序和统计方法等模糊不清，作为科学研究不够严谨严肃，研究成果公信力不足。要达到智库评价效果，需要在评价指标体系设计、评价专家甄选和评价过程控制等方面做好工作，否则就可能流于为评价而评价，从而导致其公信力和权威性的下降。

三、智库评价思路：以能力为新的视角

至少目前，我们应该放弃以智库排名为目标的智库评价研究误区。我们绝不是为了智库评价而对智库进行评价，更不是为了智库排名而进行智库评价。智库评价的目标，是为了剖析智库运行的诸多环节中的做法和现状，找出其中的问题所在，或总结成功经验，帮助智库管理层和研究人员提高认识，从而有针对性地提出改进智库发展的策略，探索推动智库建设、更好发挥智库职能的方式方法。在我国当前推进新型智库建设的初级阶段，这一点尤为重要。

我们应该跳出以智库影响力为对象的智库评价研究局限。如前所述，智库评价研究最受质疑之处，在于智库排名的公信力不高。表面上，原因在于智库影响力评价难以测量；其实质，是将智库评价的主要内容过于局限于影响力。这种局限，不能简单地通过完善定性研究方法来解决，甚至也不能简单地通过引入定量研究方法来解决。

智库能力的视角为我们打开了另外一扇窗户。既然智库影响力作

① 参见唐果媛：《中美三份智库评价报告的比较分析》，《智库理论与实践》2016 年第 2 期。

为智库运行的“结果”难以测定，那么，我们可以尝试将视角转向智库运行的“过程”，对智库在诸多运行环节中表现出来的能力进行研究。并且，将智库评价研究的立足点从智库排名移开，而将重点转向对智库进行能力分析、树立智库能力标杆、推动智库能力建设。能力也称胜任力，是管理学、心理学上的名词，是指顺利完成某一活动、目标或任务所必需的主客观条件、素质。斯班瑟认为：能力是指符合能力影响因素，并可以对影响因素产生进一步影响的特质。所谓智库能力，是指智库在获取一定资源支持的基础上，通过有效运行、产出高质量研究成果、进行有效沟通与传播，对决策体系产生有利影响，完成相应职能定位的水平。

具体来说，本书以《智库能力评价与创新》为题，其基本思路和价值在于：

第一，从能力视角切入智库评价，抓住了我国智库建设的关键。我国智库数量众多、规模庞大。例如，进入国外一家智库影响力排名报告视野的中国智库有420多家，数量仅居美国之后列世界第二；国内一份权威的研究报告统计，我国共有智库2000多家；中国社会科学院有专职研究人员3200多人，而党校系统专职研究人员有5万余人。然而，我国智库体系长期处于大而不强、多而不精的状态。相对于智库数量和规模，智库成果数量、质量和影响远远不够。所以，中国智库建设的最大问题不是数量、不是规模、不是投入，也不仅仅是社会智库弱小、官方智库独立性不足、高校智库发育不够等，问题归根到底在于智库能力不足。所以，需要切实通过各种层面的治理创新提高智库能力，尤其是加强高端智库能力。如果忽视智库能力提升问题，智库体系建设必然存在一哄而上、投入巨大而效益不高的风险，贻误我国智库体系及时转型升级的历史机遇和进程。所以，从能力视角切入智库评价研究，是抓住了我国智库建设和研究的关键问题所在。

第二，以智库能力为视角，有利于建构一个更加清晰的智库评价理论框架。总体来说，当前的智库评价缺乏成熟的理论视角，难以抓住智库建设的关键；缺乏系统的理论框架，导致研究成果零散化、宽泛化、表面化；缺乏实证研究，尤其基于一手研究资料和现代分析方法的实证研究几乎空白，导致研究结论缺乏实证基础和说服力；注重介绍国外智库建设经验、引进国外研究成果，但对中国特色新型智库特在哪里、新在何处缺乏切实理解，对中国智库建设缺乏解释力和指导价值等。所以，我们期望这个理论框架是紧密结合中国现实的，能对中国特色新型智库建设提供理论启示。本书试图构建智库能力建设框架，对智库能力构成要素做一个系统的梳理，为智库能力的提升提供科学的理论指导。

第三，本书落脚点在于分析问题、树立“标杆”，而不是智库“排名”。应该说，我们已经引入了国外的一些智库排名体系，国内也建立了一些所谓的智库排名体系，当前不缺智库排名。然而，我国新型智库建设本身处于起步阶段，基础薄弱，在制度环境、运行机制、人才资源等诸多方面都存在很多先天不足。很多智库并非真正的专业化智库，而是原有的政府机构、科研院所、事业单位等加挂了“智库”的牌子。在智库本身还没有找到新的定位和增长点的时候，不专注于基础理论研究和建设，将热衷于智库排名或更多焦点放在智库排名上，无疑是舍本逐末。借鉴中国大学排行榜，现实已经表明，这些排名对大学建设本身几乎没有帮助，甚至负面作用多多。应该说，智库排名对中国智库建设本身，也几乎没有任何推动。实际上，一些大型智库机构并不关心自己在某个榜单中的排名。

智库能力评价体系的提出，就是设立了智库建设的“标杆”。通过加深对中国特色新型智库的理论认识，以理论目标对照现实，推动智库的基础性建设，而不是陷入排名先后的“虚妄”和“虚荣”。这样，给政府、社会及智库自身提供一个自身建设水平的参考。根据智库能力发展中的瓶颈因素，从政府角度来说，更好的制定符合中国智库发展实际情况的相关政策和制度，释放智库发展的活力；从智库自身角度来说，可以有的放矢地完善自身建设，更有效地配置智库资源；从社会角度来说，可以根据客观的评价结果，为智库发展提供有利的社会舆论环境，促进智库领域的发展。这种标杆不仅有利于智库自身的长远发展，而且可以提高中国智库影响力、竞争力，推动全球智库发展。

智库能力评价可以帮助智库提升自身质量，树立品牌意识，最终打造中国智库的品牌。智库能力评价首先可以明确智库间的差距，与优秀智库进行对比，总结得出制约智库发展的因素以及促进智库进步的因素。优秀智库作为“标杆”，能起到一个很好的激励作用，作为智库自身发展完善的一种鞭策。智库能力评价可以明确智库的发展目标和方向。一定程度上，方向比努力更重要，智库能力评价要素可以为智库的发展带来方向性的引导。着重能力而非排名，这也就必然将智库能力的重要作用凸显无疑。

另外，即使从智库可评价性的角度考虑，智库能力也是一个更便利的视角。当前，智库评价存在的诸多难点，最核心的就是影响力难以量化，以及相关影响力指标的关键信息难以取得。截至目前为止，智库评价报告的评价方法多以主观评价为主，虽有个别以客观评价为主的评价报告，但也未对评价依据作出说明。其评价结果固然受排名靠前的智库的追捧，但其准确度和有效性却值得我们深思。相比较而言，智库能力指标却容易量化，相关信息可以更容易获得，对智库建设更有直接推动作用。

第五章　构建智库能力评价体系

如前所述，智库能力评价体系重在建立有解释力的理论框架，从能力视角进行智库研究的文献并不多见。本章将借鉴政治系统论这一行为主义政治学经典理论，尝试梳理出智库能力的基本要素，并进一步细化形成智库能力评价指标体系。

一、政治系统论的启发与借鉴

（一）政治系统论的基本逻辑

政治系统论（Systems Approach）是行为主义政治学中一个非常重要的理论，其主要代表人物有戴维·伊斯顿、莫顿·卡普兰等。它运用了系统论和控制论的一般原理，以政治系统为基本研究对象，从宏观的角度对政治生活和政治过程，特别是公共政策制定与执行中的价值分配进行研究。政治系统论主张以政治系统的平衡和稳定为目标，着重分析系统的平衡和自我维持。正如戴维·伊斯顿认为的那样，“一切政治系统是如何设法在稳定变化的世界上持续下去的。对于答案的寻求最终将表明，所谓政治系统的生存过程，即政治系统持续不可或缺的功能，是与它试图由以自我维持的典型反应模式相联系着的。对这些过程和反应的本质及条件分析，我设定为政治理论的核心问题”。①

政治系统理论包含两个基本观点：一是政治系统处在一个环境之中，并且经常会受到来自环境因素的影响，这些影响存在把系统的基础变量逐出其临界范围的可能性。系统为保持自身的持续稳定，必须采取一定的办法予以反应，从而缓和这些影响带来的压力。二是政治系统内部包括多个子系统，每个子系统有自己的边界，通过它们相互之间的积极作用，可以保证政治系统的连续性和稳定性。

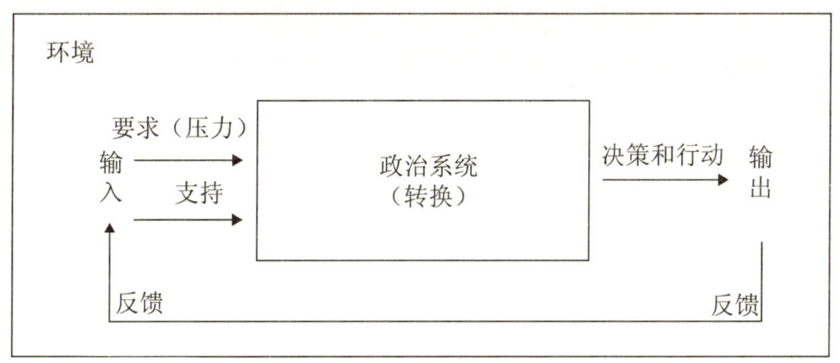

图 5—1 政治系统理论示意图

政治系统与环境、子系统间的互动主要通过四个环节完成的，即输入、转换、输出、反馈（如图 5—1 所示）。输入，是指环境对政治系统的要求（压力）和支持。其中，要求是环境对作决策的政治系统施加的政治压力，支持是环境对政治系统决策和实施结果产生的心理和行为上的认同。转换，是指输入中的要求和支持进入政治系统以后，转化为政策问题，并最终纳入政治决策议程的过程。输出，是指在经过政治系统转换后形成的决策和行动，其中决策是各种政治产物，包括法律、法规、政策、规定、措施等，行动是政治系统执行和实施决策的行为过程。反馈，是指政治系统在经历完输入、转换和输出三个重要环节后环境对输出结果的反应，反应的信息将通过输入环节反馈

① 〔美〕戴维·伊斯顿著，王浦劬译：《政治生活的系统分析》，华夏出版社 1999 年版，第 19 页。

到政治系统。从分析中我们可以发现，从输入到转换再到输出并不是一个单向、一次性的简单流程，经过反馈阶段，政治系统其实获得了一次新的输入。政治系统如此循环往复，不断地协调着与环境之间的关系，并与之保持平衡。

（二）从政治系统到智库系统

我们可以把政治系统的分析思路借鉴到智库分析上。智库机构是典型的具有广泛社会联系特征的组织形态，是社会大系统中的一个子系统，需要通过从社会大环境中获得支持，并经过有效的内部治理、输出智库成果、履行社会职责并得到社会认可，才能保持自身生存和稳定、发展。

作为一个成熟的社会科学理论，政治系统论为政治学研究提供了一个有解释力的框架。“如果政治科学能够开掘对于本学科各种问题的研究具有同等建设性的一系列独特概念和命题，那么，它实际上也许是提供了一个特别有力的分析工具。”① 使用政治系统论的框架研究智库，有助于分析环境与智库之间的相互作用，解释各方压力、要求、限制等影响因素是如何对智库运行产生作用的，智库又是如何做出反应的。因此，政治系统论可以提供一个规范的智库能力分析框架，这有助于弥合智库评价研究中的诸多分歧。

与此同时，政治系统论还可以丰富智库能力的研究内容。它将其他学科的一些概念和范畴引入了政治学领域，如系统、输入—输出、结构—功能、信息沟通、反馈等，这些多学科互补的优势可以为智库能力研究开辟更为广阔的空间。另外，相对于以往静态和片面的研究，政治系统论注意把政治现象看作是一个动态的整体过程，为从宏观上把握政治现象之间的复杂关系提供了分析模式，有利于克服某些学者只注重研究某一项智库能力的片面性。

① 〔美〕戴维·伊斯顿著，王浦劬译：《政治生活的系统分析》，华夏出版社 1999 年版，第 512 页。

必须指出的是，任何理论都不是完美无缺的，政治系统论也是一样。虽然政治系统论适用于分析政治的宏观层面，但无法分析具体的政治问题。仅适用于分析抽象政治运动的一般形式，而无法分析丰富多彩的政治活动内容。[①] 因此，本章在使用政治系统论分析智库能力时，需要尽量细化政治系统的政治活动过程和环节，深入剖析智库能力要素的构成。

在构建智库能力模型时，本章将对政治系统论模型进行适当改造，使之更能全面地分析智库能力的复杂性。尽管“政治系统”是政治系统论中的核心概念，但西方学者对这一概念的界定看法各异。戴维·伊斯顿认为，政治系统是与社会性价值的权威性分配有关的一系列行为，即与决策有关的互动行为。这种互动行为具有某种固定的普遍模式，并能够借此维持政治系统的稳定。G. A. 阿尔蒙德则认为，政治系统是具有一定的结构，并履行一定功能的有机整体，这种特定的结构表现为行政机构、立法机构、司法机构、政党等。但不管怎样，政治系统是一个由一系列与决策有关的政治互动要素组成的有机整体，这一点得到了大多数学者的认同。在智库能力模型中，“智库系统”概念将替换“政治系统”概念，成为本章的核心研究对象。智库系统具备政治系统的一些基本特征：每个智库系统都有自己的边界，且外部要受到来自环境的影响，各个智库系统之间也具有协作性。智库能力模型的主要研究目的是探究哪些要素对智库能力具有影响以及如何影响，从而有针对性地提出提高智库能力、开拓智库建设的路径。这就需要将政治系统具体化为智库系统，使研究更有针对性。

（三）打开智库内部治理的“黑箱”

一般政治系统理论的“输入—输出”环路解释了政治环境是怎样影响政治系统行为的，但是人们对于政治系统内部是如何将“输入”转化为“输出”却知之甚少，这就存在着所谓的“政治黑箱”问题。

---

① 参见俞可平：《西方政治分析新方法论》，人民出版社 1989 年版，第 41 页。

一般政治系统理论对“政治黑箱”内部的探知方法是，在不直接影响原有政治系统内部结构、要素和机制的前提下，通过观察“输入”“输出”的变量，推理“黑箱”内部的情况，进而发现其内部规律，实现对“黑箱”过程的控制。一般政治系统理论把政治行为和行为互动作为政治学的研究对象，强调的是以经验分析为核心内容的实证性研究，带有明显的行为主义政治学倾向。它对政府心理、政府行为的关注完全超过了对政府规则、规章、制度的关注。然而现实情况是，在相对不变的政治体制下，对政府规则、规章、制度的关注很大程度上也影响了政府行为的输出。

“应然”和“实然”是智库系统经常面临的两个命题。身处实际智库运行过程之外的学者，往往以超然的立场集中关注智库在外界影响（要求和压力）下应当作出什么样的反应和行动，至于智库内部如何整合资源并经历何种过程，则往往略去不谈。而身处智库体系之中的研究者则相反，他们往往从自身立场、具体处境来考虑应当作出何种反应，至于这种反应是否真正切合了社会需求则并非其主要关注点。或者说，智库之外人员重点关注智库“应当做什么”，智库内部研究人员重点关注“能做什么”。两种思维方式无所谓价值判断上的对与错，二者可以实现对政府系统分析的互补。鉴于以上所述，智库能力模型要在政治系统论模型的基础上，进一步破解内部治理的“黑箱”，探寻要求性输入是如何在智库系统内部转换为输出的。

（四）智库与环境的互动

“政治环境的构成要素很多，凡是影响和作用于政治系统的背景和事物，都是政治环境的构成要素，主要有经济、地理、文化、民族、利益集团、宗教等等。”① 具体到智库能力模型，环境要素是整个社会系统，所要探究的也就是智库子系统与社会系统环境之间的互动关系。

---

① 梁昱庆：《论政治环境》，《成都大学学报》（社科版）2002 年第 4 期。

这种互动关系可以体现在两个层面：一方面，智库系统处在社会环境之中，智库运行必须与之相适应。因而，智库系统想要求得稳定和平衡，就需要和社会环境保持协调，以满足社会需求的方式获得智库系统赖以存在的各种条件。另一方面，智库系统通过智库产品和沟通传播对社会环境进行回应和影响。如图 5—1 所示，通过对政治系统论模型的稍加改造，一个全新的智库能力模型就呈现出来了。整个智库能力的表现过程是这样的：智库系统处在社会环境之中，社会向智库系统输入自己的要求和支持；智库系统在接收到社会信息后，整合各种社会资源、协调各种社会关系，经过内部治理，提出智库产品，并通过沟通与传播，回应政府、社会等方面对其提出的职能诉求；智库输入的效果连同社会对智库活动的评价作为反馈信息再次进入智库系统，形成新的系统输入。

二、智库系统的能力要素分析

（一）“支持性输入”之一：资源汲取能力要素

一个系统必须有输入环节，系统才能开始运转。环境对子系统的支持性输入是一个极为重要的变量。因为只有得到足够的支持，子系统才能有效输出产品。这种思路同样适用于智库系统。从智库管理的实际来看，智库活动的顺利开展需要获得社会在资源方面的有力支持。资源支持能力是智库能力的前提和基础。智库若要开展工作，首要条件就是获得一定的资源支持。资源包括软资源及硬资源，软资源如人才、信息等，硬资源如经费、设施等。智库通过从外部环境中汲取经费、人才、信息等资源，从而为发挥决策辅助作用奠定基础。不同时期，智库需要的资源支持不同。现如今，智库更倾向于多元的资金来源，不同学科背景以及从业背景的人才，更优惠的政策以及更开放的信息。智库获得的资源支持越多，其能力越强。资源支持能力的强弱也会影响智库成果产出能力以及成果转化能力。

1. 汇聚人才能力

当今世界综合国力的竞争，说到底还是人才特别是高素质创新型人才的竞争。在智库运行中，繁重的研究工作必须由专家来完成，同时管理人员的素质高低往往影响到一个智库部门效率的高低。智库的核心竞争力是思想创新，智库存在的核心价值是通过思想影响公共政策制定。[①] 一切的思想传播活动必须以思想创新为前提，而高素质人才资源是思想创新最重要的保证。高素养、学术功底深厚、创新型的研究人员可以带来高质量的思想产品。另外，智库领导者、成果推销人员也是智库必不可少的两类人才。智库领导者的眼界会决定智库的边界，卓越的领导向来是实力强大的智库的必要前提。有了智库领导者的管理和谋划，智库不但可以招聘到一批有影响力的专家学者，而且可以最优化配置各种资源，做到人尽才，物尽用。而成果推销人员可以让智库的思想尽可能多地转化为决策，使智库的影响力不仅在国内激荡，也在海外飘扬，不仅影响“朝野”，也影响“田野”。

2. 经费筹集能力

智库能力的高低与智库所拥有的财政实力有着密切关系，财政是智库生存和发挥作用的经济基础。有了经费智库才可以招聘人才、购买研究设备、租用办公场所、启动研究计划。除研究经费以外，智库推销研究成果、设立海外机构也需要经费支持。有了足够的经费，智库不需要将大把精力放在筹款上，就可以专注于项目研究，更可以专注于前沿研究。有了经费，智库可以将基础研究以及不擅长的研究委托给中标的研究团队完成，自身充当项目管理者的角色，腾出精力研究自己擅长、尖端的问题。足够的经费不仅是智库进行研究的前提，也是智库进行独立研究、自主研究的保障。提供思想创新的智库不能只进行命题研究，还要依据自身敏锐的判断，开展自主研究，不仅提供“应急性措施”，也要提供“储备性政策”。足够的经费可以给智库一定的选择权。就我国而言，在智库运作过程中，自身所需费用大多

① 参见王莉丽：《“旋转门”——美国智库的重要运转机制》，《学习时报》2012年11月5日。

由公共财政支出。为满足智库成果的需求，政府就需要投入更多财力进行智库建设，推动智库提供咨政产品和服务。

3. 信息获取能力

信息影响着人类生活的方方面面，智库研究更是如此。智库要做到“急国家之所急，想国家之所想”，就必须正确把握政府的执政脉络和政策主张，充分掌握政府和社会的信息。只有在此基础上，智库才能提供有针对性的政策方案，才能增加政策的可操作性。智库信息一方面可以通过政府网站、参加政府工作会议或者向政府申请资源开放获取，也可以与其他智库实现数据库共享，也可以通过自身的调查研究获取第一手信息。

（二）“支持性输入”之二：制度支持能力要素

制度作为一种行为规则，是一种非常稀缺的社会资源。政府建立制度，有助于界定个人和组织的行为选择空间，约束行为之间的相互关系，降低交易成本和保护产权，从而实现资源的优化组合。可以说，制度供给能力和制度创新能力是政府能力的核心组成部分。制度改进的重点是要增加制度资源的数量、改善制度的质量和结构、提高制度的规范能力。智库作为非政府组织，其兴衰还与国家法律、政策的约束以及保护休戚相关。如若法律、政策的出台有利于智库的发展，那智库的发展将如虎添翼；如果相反，则智库发展会受到各种制约。现实情况往往是复杂的。政策资源不仅包括法律、政策对智库的注册、税收等的直接规定，也包括对智库相关对象的规定，比如对基金会的注册、税收的规定。

（三）“支持性输入”之二：协同创新能力要素

智库并非孤立存在，智库与其他相关机构之间可以通过协同创新，提高各自资源获取能力，甚至智库之间也不尽是竞争关系，也存在协同创新的广阔空间。在各智库主体和智库平台功能定位基础上，可以突破区域、单位、学科、身份本位的界限，促进智库人才、经费、课题、成果的优化配置，实现智库主体的合纵连横、智库平台的联动互通、智库要素的优化重组和智库管理的机制创新。说到底，智库协同创新，体现了“开门办智库”的有益思路。具体而言，协同创新包括区域内智库间协同创新、“条条”系统内智库间协同创新、智库与企业间协同创新、智库与政府间协同创新、国际间智库创新等各种形式。

（四）“压力性输入”：职责要求能力要素

智库机构往往被赋予重要的咨政职能。这时候，智库能力是对智库机构有效履行职责的基本要求。相对于前述“支持性输入”，职责要求能力要素属于“压力性输入”。压力性输入的出现，意味着政府对智库成果不断增长的诉求。“在成员把愿望转换为要求时，他们实际上是表明这样一种态度，他们希望政府运用手中的力量和资源，把系统整个儿朝着他们的要求表达或包含着的目标推进”。[①] 要求性输入会以两种方式向智库机构施加压力：一种是直接由要求产生的压力，即政府要求智库机构及时提供所需要的智库成果。另一种是间接由要求产生的压力，也就是在要求得不到满足的时候，政府对智库机构可能表示不满，从而削弱政府对智库机构的重视和支持。相应地，智库的支持性输入要素资源也相应减少。智库机构要维持政府支持，必须及时有效回应政府提出的咨政要求。

实际上，职责要求并非仅仅是压力。有时，这种被赋予或认可的职责定位也是智库“权力”的一种特定形式。被赋予智库职责，往往意味着配置相应的资源要素，或者以之为理由要求配置资源。这时，职责定位可能成为一种特殊的能力资源，不仅在诸多能力要素中占据突出位置，而且可能是获得其他资源要素的前提，如人才、经费、信息、制度等。在我国特定体制下，无论通过部门职责、绩效表现还是领导重视等何种方式，只要能够在党和政府政策咨询体制中占据重要

① 〔美〕戴维·伊斯顿著，王浦劬译：《政治生活的系统分析》，华夏出版社 1999 年版，第 167 页。

位置，就相当于掌握了智库能力的核心资源。否则，在智库运行的各个环节，智库能力发挥都将受到制约，而这种职能定位能力的获取，往往并不掌握在智库自身手里。无论智库自身如何努力，都可能处在决策咨询体系光谱中的边缘化位置。由此，在许多具体场景中，往往容易出现机构积极争取“被”赋予智库职责，或者增加智库职能比重的现象。

（五）内部“转换”：治理创新能力要素

输入性要素为智库产出高质量成果提供了条件，但并不表示智库产出高质量成果的必然。更直接的因素是智库内部治理能力的高低，即智库能否通过内部治理创新，有效吸收外界资源，通过自身努力，产出高质量智库成果。相对于输入性要素，内部治理能力容易受到忽视。甚至成为智库运行过程中的“黑箱”，不为外人所知，也就失去了推动智库自身治理能力创新的动力和压力。就实际智库建设而言，就是智库注重资源而忽视智库自身能力建设的现象。智库获取资源种类的不同，也会影响智库的管理方式。多样人才与多元资金的输入，需要智库创新人才管理、经费管理方式，调整组织架构，而这种内部治理创新能力体现在很多方面：

1. 考评激励创新能力

人是思想、智慧的载体。只有不合适的岗位，没有不合格的员工。好的人事制度可以做到人尽其用，因此智库应当制定人性化的人事制度。建立恰当的人才选拔、考评机制、激励机制、问责机制，确保智库研究人员能够最大限度地发挥聪明才智。智库的工作以研究为重，工作性质不同于行政单位，其人事管理制度要体现出尊重知识、尊重学者的特色，给研究人员较高的激励。随着智库成果推销工作日益重要，智库也要关注成果推销人员，对其做差别考评。

2. 组织再造能力

合适的组织架构，是智库发挥影响力的有力组织保障。组织机构的设置在多大程度上围绕科研而非行政，跟智库能力的提升息息相关。智库的高效运转跟智库的组织幅度也有关系，组织太小，意味着研究人员缺乏，研究实力不足，无法进行综合性研究；组织机构庞大，难免进入僵化，运转低效的怪圈。因此恰当的组织幅度至关重要。

3. 经费管理创新能力

科研是复杂而沉重的脑力劳动，也是创造性的智力活动，这就要求经费管理制度要体现对这一人力资本主体的人性与人文关怀。经费管理制度要有弹性，要有利于保护和激发研究人员的科研热情。另外经费的合理分配有利于提高经费的使用效率，保证智库高效率运转。

4. 选题定位创新能力

时代热点的更新，科技的进步，需要智库创新选题机制。若要产出高质量的思想产品，好的选题是前提，好的选题是成功的一半。智库选题一般分为接受委托以及自主选题两种。接受委托的课题，一般均是委托单位着急要解决的重要问题。自主选题要做到：首先，选题要是当前社会热点、难点问题，关乎民生，有关社稷；其次，选题要有前瞻性、战略性，充当社会的望远镜，为我国今后几十年乃至上百年后可能出现的问题做好战略谋划；再次，选题要视野开阔。随着全球化的加剧，国家之间软实力的竞争日益激烈，智库不仅要关注国内问题，更要关注全球难题，为我国谋取国际实务主导权地位。

5. 社会调研创新能力

有了好的选题定位，关键是做好之后的调研工作。调研越充分，就越具有操作性和前瞻性，其被转化为公共政策的可能性就越大。

（六）系统“输出”之一：智库成果产出能力要素

有了人、财、政策、信息等资源的投入，智库通过自身内部的人事管理、经费管理、选题机制、组织架构等将其转换为研究成果并输出，这便是智库的成果产出能力。成果产出能力是智库能力的关键。智库凭借其高质量的研究成果来影响公共政策。研究成果质量越高，数量越大，其成果产出能力越强。研究课题的选题、研究视野、研究方法等会影响研究成果的质量，智库获取资源能力的强弱，也会影响研究成果的质量。成果产出能力的高低，反过来也会影响智库获取资源的难易。智库研究成果的质量，还会影响研究成果转化为公共政策的难易。

（七）系统“输出”之二：成果传播能力要素

智库高质量的研究成果不可能全部也不可能立刻就转化为决策。在这个“酒香也怕巷子深”的年代，智库高质量的知识产品若要转化为决策，必少不了成果的“营销”，这就需要智库建立畅通的推销网络。影响力较大的智库往往都拥有多元而通畅的推销网络。这个网络一般由政府决策机构、学者专家团队、大众传播媒介和民间团体组成。智库在多大程度上能够影响公共政策就取决于其网络的强大和通畅程度。智库的成果推销有多种形式，比如人际传播、组织传播和大众传播。① 人际传播模式是指智库依靠专家个人关系网发挥影响；组织传播模式是指智库就热点政策问题举办大型公开会议，邀请各界专家进行讨论或者召开成果发布会，还包括各种中小型会议；大众传播模式包括纸媒介、电子媒介、网络媒介三种渠道，通过大众传播模式智库可以设置政治议程、塑造公共舆论，进而影响决策。当然，在我国智库活动环境中，最直接有效的智库成果传播途径是各种形式、各种级别、各个系统内的“内参”，可以将智库成果直接摆到决策者的案头。智库只有建立强大的推销网络，采用多种推销形式，才能不断扩大影响力。

（八）“反馈”环节：沟通调适能力要素

“反馈”对智库系统能够保持自身地位并实现不断发展的作用是巨大的。虽然智库输出研究成果的目的是为了满足政府决策的咨政要求，但是我们不能想当然地认为，每一项智库成果都能取得预期效果。智库必须清楚有关支持的现状和输出结果的相关信息，否则智库的任何咨政成果输出都可能只是无的放矢，“他们将无法决定继续这同一种输出，还是以某种方式修正他们”。因此，对于需要得到持续支持并保持咨政地位的智库而言，具备反馈功能是一个重要条件。反馈能够帮助

---

① 王莉丽：《大国智库影响力——路还有多远》，《21世纪经济报道》2006年第2期。

智库了解自身面临的状况，能“获得关于该系统自身之性质的信息、关于其环境的信息、关于其资源及将其意志强加于其环境之可能的信息和关于它在那里可能发现的抵抗的信息”①。正是有了信息的反馈，智库才可能总结经验、弥补不足，才有足够的动力和适应性来提升咨政能力。当然，智库在咨政活动中及时、准确地获得反馈信息并不容易。比如，当智库成果以“内参”形式呈送相关部门或决策者之后，是否得到重视，往往并不能得到及时反馈，甚至领导人的“批示”本身也可能会成为不能外宣的秘密。

三、智库系统评价指标体系

研究成果只有转化为公共政策，智库的使命才算完成。智库研究成果的转化既是智库系统一个循环的结束，也是下一个循环的开始。成果转化能力越强，意味着智库的影响力越大。然而，智库成果转化能力在整个智库活动中最为重要，也最难以把握，其过程和结果甚至深度相关人士也不一定能够说清楚。因此，我们转变思路，以系统论为理论框架，考察智库活动过程中的关键环节，提出其系列能力要素，形成新的智库评价指标体系。综合前述分析，智库能力评价体系的主要内容有以下几个方面。

（一）基本能力要素和分项能力要素

从智库系统的“支持”“要求”“转换”“输出”“反馈”等主要环节看，智库具有8项基本能力要素（如图5—2所示）。这8项基本能力要素分别是智库系统支持性输入环节，包括资源汲取能力要素、协同创新能力要素、制度支持能力要素；智库系统要求性输入环节，即职责要求能力要素；智库系统转换环节，即内部治理创新能力要素；

① 〔美〕戴维·伊斯顿著，王浦劬译：《政治生活的系统分析》，华夏出版社1999年版，第400、405页。

智库系统输出环节，包括智库成果产出能力要素及智库成果传播能力要素；智库系统反馈环节，即智库沟通调适能力要素。

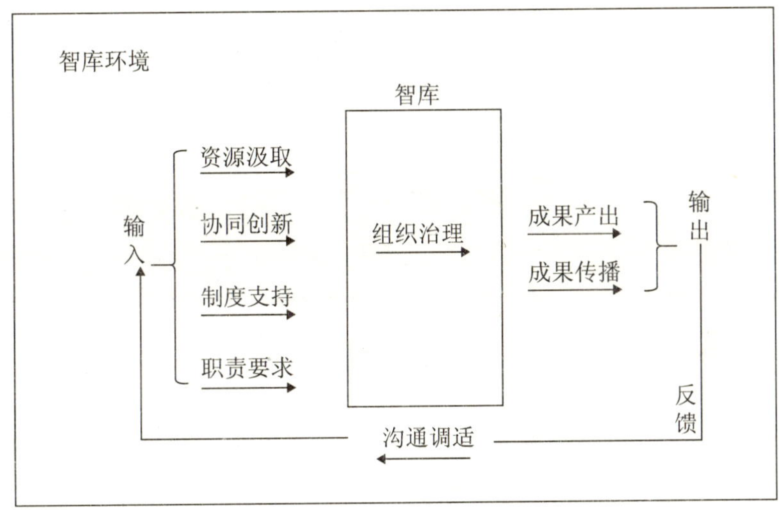

图 5—2 智库能力评价体系基本要素

同时，每项基本能力要素可能包括具体各分项要素。比如，资源汲取能力要素，至少包含人才汇聚能力、经费筹集能力、信息获取能力等分项要素；协同创新能力要素，至少包括区域协同创新、行业协同创新、跨部门协同创新、国际协同创新等；内部治理创新能力要素，至少包含考评激励能力、组织再造能力、经费管理创新能力、选题定位创新能力等分项要素（详见表 5—1）。

表 5—1 智库基本与分项能力要素示意表

系统过程	基本能力要素	分项能力要素
输入环节	资源汲取	人才汇聚、经费筹集、信息获取等
	协同创新	区域协同创新、行业协同创新、跨部门协同创新、国际协同创新等
	制度支持	政策参与制度、登记制度、税收制度等
	职责要求	政府职责要求、自我职责定位、政策咨询地位等
转换环节	组织治理	考评激励、组织再造、选题定位创新等

续　表

系统过程	基本能力要素	分项能力要素
输出环节	成果产出	成果产量、成果质量、成果创新性、成果可应用性等
	成果传播	内参报告、社会传播、国际传播等
反馈环节	沟通调适	沟通渠道、自我调适等

（二）正向能力要素和约束性能力要素

上述能力要素在智库建设中的作用各不相同。有些属于正向能力要素，一般情况下，在这些方面做得越好或表现越好，越有利于智库建设，比如资源汲取、制度支持、协同创新、内部治理、成果产出、成果传播、沟通调适等。同时，还存在约束性能力要素，如职责要求要素，对智库建设的重要性同样不言而喻。然而我们不能简单地说对智库职责要求越高越好，也不是越少越好，具体要根据实际情况进行分析。所以，我们把“职责要求”这项能力要素作为约束性能力要素，区别于其他正向能力要素。

（三）主动能力要素和被动能力要素

智库作为社会大系统中的一个子系统，其作为和表现并非都是取决于自身努力。反映在治理能力要素上，有些能力要素是可以通过自身主动努力就可以得到改进的，比如资源获取、协同创新、内部治理创新、智库成果产出、智库成果传播等。有些能力要素则主要取决于外界，智库自身几乎没有努力争取的空间，比如制度支持、职责要求。这里需要说明的，即使主动能力要素，也仅仅指在这些方面智库有自我努力的空间，但环境大系统是否做出积极有效回应同样关键。实际上，一般情况下各能力要素都在智库与环境互动中发挥作用，既不是单纯的主动能力要素，也不是单纯的被动能力要素，如沟通调适能力要素等。

第六章 智库制度支持能力

制度支持，属于宏观性的智库建设环境因素，在智库生存和发展方面的重要作用不言而喻。我国对于智库发展的总体制度环境是好的，同时也存在一些制度性障碍，使得一些智库发展空间尚未完全展开。当然，加大政策扶持的力度，不是将智库置于政府的控制之下，而是为智库的发展创造适宜的环境。

一、智库建设政策环境

应该说，党的十八大以来我国进入了智库建设的“春天”。在顶层设计上，中央和国家对智库建设和发展给予专门关注，在相关大政方针政策上一再提及智库建设的重要性，出台了一系列专门政策文件和措施，要求把智库作为国家软实力的重要组成部分，智库建设被提升到国家战略的层次和高度。2013 年 11 月，党的十八届三中全会《关于全面深化改革的若干重大问题的决定》首次提出“加强中国特色新型智库建设，建立健全决策咨询制度”。2014 年 10 月 27 日，习近平总书记在中央全面深化改革领导小组第六次会议审议《关于加强中国特色新型智库建设的意见》时强调，我们进行治国理政，必须善于集中各方面智慧、凝聚最广泛力量。改革发展任务越是艰巨繁重，越需要强大的智力支持。[1] 2015 年 1 月，中共中央办公厅、国务院办公厅

① 参见《学习贯彻党的十八届四中全会精神 运用法治思维和法治方式推进改革》，《人民日报》2014 年 10 月 28 日。

专门印发《关于加强中国特色新型智库建设的意见》，中国特色新型智库建设迎来历史上前所未有的战略机遇，迅速形成中央积极引导、各地方各部门踊跃投入的氛围。2015 年 11 月，中央全面深化改革领导小组第十八次会议通过《国家高端智库建设试点工作方案》，共有 25 家机构入选首批国家高端智库建设试点单位。

在落实层面，各地各级党委、政府日益重视智库建设。具有一定研究能力、但主要职能并非智库的许多体制内研究教育机构开始加大智库建设，甚至一些国家部委也专门出台一些专门的智库建设文件（详见表 6—1）。在地方，党委、政府也把智库建设作为一项专门工作来推进，出台了一系列的专门制度文件，建立了相应的智库机构或智库机制（详见表 6—2）。相应地，各种资源也迅速向智库研究倾斜。

表 6—1　部分行业领域出台的关于智库建设相关制度汇总表

（按照国务院部委序列排序）

行业	文件名称	发文单位	发文时间
教育	《中国特色新型高校智库建设推进计划》	教育部	2014 年
水利	《关于大力加强水利智库建设的实施意见》	水利部	2015 年
农业	《中共农业部党组关于加强农业农村经济发展新型智库建设的意见》	农业部党组	2015 年
民族事务	《国家民委民族工作智库建设规划（2016—2020 年）》	国家民族事务委员会	2016 年

表 6—2　部分省区市出台的关于智库建设相关制度汇总表

（按照行政区划序列排序）

地方	文件名称	发文单位	发文时间
天津	《天津市加强新型智库建设的实施意见》	天津市委办公厅	2015 年
	《天津政府法制智库管理办法》	天津市政府办公厅	2016 年
辽宁	《关于加强辽宁新型智库建设的实施意见》	辽宁省委办公厅、辽宁省人民政府办公厅	2016 年
上海	《加强上海高校新型智库建设的指导意见》	上海市教育卫生工作委员会、上海市教育委员会	2013 年

续 表

地方	文件名称	发文单位	发文时间
江苏	《江苏省新型智库管理暂行办法》	江苏省委宣传部	2015 年
	《关于加强江苏新型智库建设的实施意见》	江苏省委办公厅、江苏省政府办公厅	2015 年
湖南	《关于加强湖南新型智库建设的实施意见》	湖南省委办公厅、湖南省人民政府办公厅	2015 年
福建	《关于加强福建新型智库建设的实施意见》	福建省委办公厅、福建省政府办公厅	2015 年
广东	《关于加强广东新型智库建设的意见》	广东省委、广东省政府	2016 年
河北	《关于加强河北新型智库建设的意见》	河北省委办公厅、河北省政府办公厅	2015 年
黑龙江	《关于加强黑龙江新型智库建设的实施意见》	黑龙江省委办公厅、黑龙江省政府办公厅	2016 年
吉林	《关于加强吉林新型智库建设的实施意见》	吉林省委、吉林省政府	2015 年
山西	《关于加强山西新型智库建设的实施意见》	山西省委、山西省政府	2015 年
湖南	《关于加强湖南新型智库建设的实施意见》	湖北省委办公厅、湖北省政府办公厅	2015 年
安徽	《关于加强安徽新型智库建设的实施意见》《安徽省推进中国特色新型智库建设的实施意见》	安徽省委办公厅、安徽省政府办公厅	2015 年
江西	《关于加强江西特色新型智库建设的意见》	江西省委办公厅、江西省政府办公厅	2016 年
重庆	《关于加强重庆市新型智库建设的意见》	重庆市委办公厅、重庆市政府办公厅	2016 年
四川	《关于加强四川新型智库建设的意见》	四川省委办公厅、四川省政府办公厅	2016 年
云南	《关于加强云南新型智库建设的实施意见》	云南省委办公厅、云南省政府办公厅	2015 年
内蒙古	《关于加强内蒙古新型智库建设的实施意见》	内蒙古自治区党委办公厅、内蒙古自治区政府办公厅	2016 年
广西	《关于加强广西特色新型智库建设的实施意见》	广西壮族自治区党委办公厅、广西壮族自治区政府办公厅	2016 年

二、智库法律地位制度

当前，我国智库建设整体处在以往从未有过的繁荣时期。但我们也要认识到，这种“利好”主要是对“官办”智库而言的。对于社会智库而言，首先面临的是法律地位问题，没有合法地位的智库无法成立、无法生存，更不用说发展了。这对于我国现有智库机构中的大部分，其实都不是问题，因为这些机构一直以体制内身份存在着，只不过现在这些机构更加重视智库职能的建设。甚至在现有机构内部成立专门的智库研究部门，也不具有任何法律上的问题。真正受困于法律地位问题的，是社会智库。

从立法角度来看，我国关于智库的制度建设是缺失的。一方面，没有专门的智库立法；另一方面，现有相关法律制度中，也没有专门提及智库问题。由于我国社会智库组织数量、类型的复杂性，合法地位这个最基本的保障，成为了普及难度最大、普及时间跨度最长的一个难题。按照我国现有法律规范，社会智库应该归于民间组织或社会组织，而关于社会组织的立法本身是滞后的。随着社会发展，我国经济制度不断调整、与时俱进，其本质与以往相比有很大不同，但关于社会组织的注册、税收方面的立法，几乎没有显著修订，难免限制了社会智库的发展。

智库的注册登记形式不同，决定着智库之后所享受到的各项制度保障将会有很大的差别。比如：体制内智库主要是以事业单位法人的形式注册登记的。相应的，其主要由国家法律、行政法规及相关规范性文件来规范。具体来讲，宏观方面，适用《关于分类推进事业单位改革的指导意见》等，注册登记方面适用《事业单位登记管理暂行条例实施细则》《事业单位登记管理暂行条例》等。而社会智库则主要以“社会团体法人”或“民办非企业单位（法人）”名义注册。智库由于资金来源、管理模式等方面的特点，特别需要制度方面的规范与保障。同时，由于国外以民办的社会智库为主，其许多制度举措也可以给我们提供很大借鉴，比如注册登记制度、税收优惠政策、外部监督制度、内部治理机制等。

应该说，我国智库登记注册制度还不完善。智库作为一种非营利组织，其自身发展壮大以及影响力的发挥受到非营利组织发展的制约。目前，世界上绝大多数国家的非营利组织的成立制度都是登记备案制度或者登报声明制度。然而，我国非营利组织的成立制度为许可证制，即成立民办非企业单位机构需要有政府部门作为业务主管部门。这种“挂靠制度”使得非营利组织成立的手续繁琐，一些无法找到挂靠单位的智库，只能选择以企业的形式注册，无法享受到非营利组织税收优惠的政策。那些找到了相关部门作为挂靠“婆家”的智库机构，由于其在运营中处于挂靠部门的掌控之中，独立性受到严重影响，在具体运转中也出现了诸多困境。尤其是当智库因资金不足面临破产时，其对主管部门就更加依赖。2016 年 8 月，中共中央办公厅、国务院办公厅印发了《关于改革社会组织管理制度促进社会组织健康有序发展的意见》，虽然提出了“稳妥推进直接登记”的要求，但对象为行业协会商会类、科技类、公益慈善类、城乡社区服务类社会组织，并不包括智库类社会组织。对直接登记范围之外的其他社会组织，包括智库类社会组织，则“继续实行登记管理机关和业务主管单位双重负责的管理体制”。

国外智库的资金很大比例来自于基金会，而且有些智库还成立了自己的基金会管理智库资金。因此，基金会的发展与智库发展息息相关。一方面，根据 2004 年施行的《基金会管理条例》，我国的基金会实施注册制，这使得我国基金会数量较少。另一方面，基金会申请注册额度过高。在我国基金会按照能否向社会公开募集资金分为两种，即公募基金会和非公募基金会。申请设立的最低额度分别是：全国性公募基金的原始基金不能低于 800 万元人民币，地方性公募基金的原始基金不能低于 400 万元人民币，非公募基金会的原始基金不低于 200 万元人民币。原始基金要为到账货币。许多基金会筹款能力差，每年筹款量不过几十万元，只能靠注册资金来运转。此外，国家对基金会税收优惠力度不够。《国家税务总局关于基金会应税收入问题的通知》规定，基金会在金融机构的基金存款取得的利息收入，不作为企业所得税应税收入。然而对其购买股票，债券（国库券除外）等有价证券所取得的收入，要缴纳企业所得税收入。对于那些未按照《基金会管理办法》成立的其他组织，其纳税标准更为严苛。相关法律、法规比较陈旧，跟不上客观实践的步伐、缺乏一部关于基金会或非政府组织税收的专门立法、对捐赠的税收优惠政策少、幅度过小，这种种原因，都使得我国没有形成刺激基金会发展的体制。

单从繁荣社会智库的角度来看，政府要对社会组织注册登记制度进行相应的改革。在改革中把智库和基金会组织作为重点，取消其主管单位，实行直接注册登记，将更多努力放在后续监督方面。不设禁区，允许所有学科领域的智库均能注册登记。基金会发展方面，一方面要降低基金会申请注册额度，并且要加强监督和管理基金会面对大众进行的募捐行为。另一方面，鼓励有条件的个人、企业等设立非公募基金会，尽可能地充实参与公益事业的社会力量，为智库的发展提供配套措施。还要注意基金的保值和升值。基金会只有充分利用自身享有的税收优势，好好经营，使基金保值、升值才可以为社会作更多的贡献。同时，完善税收法，鼓励智库发展。充分发挥税收的导向作用，政府应出台具体政策减免捐款者的税收，鼓励企业和个人对智库和基金会捐助，这样就可以减少智库资金不足的压力。

三、政策意见征集和咨询制度

智库的身份定位包括法律定位与研究定位。在法律上要理顺智库与政府的双重关系，合理界定政府与智库各自的权利义务关系，尊重智库的独立地位。从法律定位来说，只有给予智库明确的法律地位，才能保证智库的独立性和客观性。从研究定位来说，只有通过明确智库研究成果对于公共决策的参与以及参与方式的重要性，才能规范与保证智库有序、有效进入公共决策。有了合法研究地位，建立起相应的决策意见征集制度，才能为智库建立起一个稳定的政策意见成果输出渠道，这一点，对于社会智库来说更为重要。

美国智库的繁荣在世界上形成了其独树一帜的风格，这与美国独特的政治文化有关。美国政治强调分权，特别注意权力机构之间的相互制衡，所以形成了弱政党、弱政府的格局。立法机关也可以在相当程度上分享权力，而且立法机关的主要成员都是由民众普选产生的，近些年来立法机关内部也强调分权，成立了很多专业委员会，将权力逐渐下放。这样就使得美国几乎没有任何一个利益集团、政党、政府或个人能够对国家政治产生决定性的影响。而美国民主共和的理念也早已深入人心，所以智库既能不受任何一方控制又能从最广大民众的角度出发为政府提供建议，对政府提出批评，同时智库本身也成为美国政治链条中不可或缺的一环而发挥其独特的、重要的作用。

对于我国来说，关于智库意见征集制度，有很多原则性的政策依据，但尚未有明确的刚性法律依据。政府决策前事先进行意见征集是保证政府科学民主依法决策、保障公民权益的重要机制，也是实现国家治理体系和治理能力现代化的重要内容。一些规划和政策精神虽然做了相关的规定，但其不具备法律效力，而且规定简单粗略，距离可操作性还有不小距离。理念与实践之间必须用法律来连接。我国政府虽然提出了对专业性与技术性较强的重大事项要认真进行专家论证、技术咨询、决策评估的建议，但还没上升到法律地位。另外，对事项也没有具体的规定。因此，我们应该在法律上和制度上正式将智库引入公共决策中，使其成为决策体系的重要一环。对于什么事项向什么样的专家咨询以及咨询的流程要做出明确法律规定，并进行公开。对专业性、技术性较强的重大事项，要认真进行专家论证、技术咨询、决策评估，对同群众利益密切相关的重大事项，要实行公示、听证等制度。虽然不少地方党委和政府都要求，做出有关经济和社会发展的重大决策之前要同咨询委员会进行论证并且形成制度。但是在当前的公共决策过程中，还没有专门的法律、法规明文规定政府决策中的咨询程序和具体环节，这也导致对我国智库研究成果的有效需求不足，成为影响我国智库茁壮成长的一大障碍。比如政府的某项决策是否必须经过咨询，哪些领域的决策向哪一研究领域的智库咨询，采用什么方式咨询，如何取舍咨询方案，并未出台配套的法律法规来指引。[①]目前，政府在决策之前充分论证咨询智库还没有形成一项制度，智库作用的发挥还未成为常态。

在政策意见征集制度方面，有很多具体制度设计可以尝试。比如，作为意见征集制度的具体形式，政府购买决策咨询服务制度是种值得尝试的选择。政府购买决策咨询，是指政府通过公共财政出资以契约方式向智库购买咨询意见、政策方案、规划设计、调研数据等各类咨询服务的一种形式，其目的在于通过市场化的竞争机制来获取高质量的研究，帮助政府提升决策的科学化水平。在西方智库发达国家，政府在决策过程中向智库购买决策咨询服务几乎成为普遍性共识。2003年国家发改委向社会公开招标“十一五”规划前期研究课题，这是我国政府第一次购买决策咨询服务。目前，最为突出的问题是缺乏相应的制度规范。各地政府同样没有将决策咨询服务纳入本级政府的采购目录，在实际操作中如有需要则将决策咨询服务作为其他服务进行采购，但缺乏统一的符合本地区发展实际和现实需要的技术和程序规范，导致采购标准要么过高要么过低。我国政府决策咨询服务制度是一种非开放性、非竞争性的决策咨询模式，高度依赖于体制内智库和专家，体制外智库（社会智库）相对很难获得参与的机会和渠道，政府决策无法做到多元化。

又如，可以施行加大政策评估力度并引入智库广泛参与的制度。政策评估是检验公共政策质量、效果、效益、效率的基本途径，也是决定政策取向的重要依据，包括政策方案的评估、政策执行的评估、政策结果的评估等。一项政策特别是一些事关经济社会发展的重大政策，往往需要通过相关机构的跟踪研究来判定和评估政策的实施效果，并根据评估结论对政策本身进行相应完善和调整。任何政策的出台都

① 参见李占峰：《中国智库发展急需理念和制度创新》，《开放导报》2011年第6期。

将直接关系到社会发展态势，这一系列因素使得政府决策的难度比以往各个时期都要大很多。要想实现经济社会全面可持续协调发展，就必须提高公共政策的针对性和有效性，提高公共政策的质量和执行效果。我国政府行政体制改革已进入攻坚阶段，公共政策评估受到更多的重视，一些国家早已开展了相关的政策评估工作。① 20 世纪 80 年代初我国从西方引进的建设项目评价制度可以被看作是我国政策评估制度的最早形态，但迄今为止还没有建立起系统严格的政策评估制度，比如 2012 年国家知识产权局专家对 2008 年发布的《国家知识产权战略纲要》进行了五年评估，从总体上看，这些政策评估虽然有一定的亮点，但并不是法定的，而是部门自己组织的，缺少独立的第三方评估，透明度和公信力不足。②

四、政策信息公开制度

政府信息公开，是指国家行政机关在行使行政管理职权的过程中，通过法定形式和程序，主动将政府信息向社会公众或依申请向特定的个人或组织公开的制度。③ 政府信息作为一种公共资源，是公众了解政府行为的直接途径，政府信息公开能够保障公民知情权、增强政府活动透明度、方便公民监督政府、预防和治理腐败。对于智库而言，政府信息公开对其开展科学有效的研究也具有重要价值。

如果没有政府信息公开制度的支持，智库在很多领域恐怕很难做出突出性的研究成果，信息资源的保障也是对智库研究能力的一种无形的提升。当然，政府信息公开制度是面向全体智库的，但是尽管面临相同的信息获取渠道，信息利用效率的不同也是至关重要的，因此，

① 参见赵海娟：《建立公共政策评估制度是大势所趋》，《中国经济时报》2014 年 7 月 9 日。

② 参见李志军：《关于建立我国重大公共政策评估制度的建议》，《中国经济时报》2013 年 6 月 7 日。

③ 参见刘恒：《政府信息公开制度》，中国社会科学出版社 2004 年版，第 2 页。

信息资源的公开以及对于信息资源的利用效率对于优秀智库来说就显得尤为重要了。

2007 年 4 月 24 日，《中华人民共和国政府信息公开条例》公布，将信息公开正式规定为政府的法定义务，但政府信息公开的实践状况仍然不尽如人意，与制度设置的理想状态差距甚远。信息公开制度存在的诸多问题已经严重影响到我国智库特别是社会智库的发展。由于社会智库无法获得真实、有效、全面的数据信息，使智库研究进程举步维艰。相反，官方智库由于其特殊的身份和地位，相比社会智库在信息获取方面则有绝对优势，基本可以较顺利地获得其需要的有关信息，甚至在相关领域可以形成某种信息封锁和研究垄断，使得社会智库很难与其竞争，无法与其站在同一起点上展开研究。这一点已经构成了我国社会智库生存困境且难以良好发展的重要因素之一。

第七章　智库资源汲取能力

在智库能力中，资源汲取能力是智库系统的重要支持性输入，具体包括人力资源、经费保障、信息及配套设施等方面的因素，这些因素都是支撑着智库发展的前提和基础。

一、经费资源能力

经费筹集能力是智库保障能力的关键因素。经费问题对于智库的稳定发展至关重要，因为经费充足与否将直接影响智库调查研究活动的开展和智力支持作用的发挥。此外，智库的独立性只是相对的，除智库的设立背景、宗旨外，经费来源渠道也在一定程度上对智库的立场取向和独立性的强弱产生影响。与以绩效为导向的西方智库经费管理方式相比，我国智库的经费管理方式是以过程为导向，重物不重人。可恰恰政策研究最重要的是人的创造性。因此，智库要深化经费管理制度改革，就是要花更少的钱，做出更好的研究成果，提高智库经费保障能力。

根据《美国顶尖智库：10亿美元的大买卖》显示，美国21个主要智库在2013年内花费共计10亿美元，雇用了7333名员工，控制了26.5亿美元的资产。其中，开支最大的是兰德公司，其次是布鲁金斯学会。

对于我国智库来说，经费保障同样是保障能力的基本要素。目前我国很多智库具有政府背景，全额拨款、差额拨款和自收自支同时存在，但是仍不乏智库缺乏稳定经费来源的现象。政府应承担起保证智库经费基本运行的责任，否则就会出现一些为了生存脱离应有的客观中立立场的现象。目前来说，智库经费筹集方面，存在一些不利现象，主要表现为以下几个方面。

1. 经费预算不足

中国影响力较大的智库除了社科院，年度预算一般都在2000万元至1.2亿元左右，但美国著名智库的预算往往在数千万美元以至数亿美元之间。[①] 同样是在本国响当当的智库，相比之下，其预算差距竟然如此之大。假如把各色观点的存在也看作一个自由买卖的市场，那么，美国政府对智库的购买力和定价权要比中国强势许多，进而导致中国智库思想市场活力不足，这就为国内一些比较活跃的外国基金会提供了机会，它们往往以高额报酬设置研究题目，通过招标方式，吸纳中国学者为它们做课题，提供重要研究报告，这样既获得了需要的信息，也提升了本国智库在中国的品牌影响力，相对的中国智库对国际议题则缺乏追踪，影响了中国智库国际影响力的发挥。另外，这也会扰乱中国智库市场的正常秩序，影响中国智库市场的健全。

2. 智库经费来源单一

我国许多智库的经费来源于政府全额拨款、差额拨款。那些自收自支的智库，其预算跟国外智库相比差距尤其大。这直接导致了主要依靠政府拨款的官方智库发展得比较成熟，数量众多、影响力大。而社会智库数量少，影响力薄弱，还处于发展起步阶段。中国也因此整体上没有形成官方、大学、社会三种智库模式互补的智库体系。另外中国智库资金来源单一，或多或少会影响中国智库研究的独立，这使得中国智库在研究中容易产生两种方向性的错误：一是在研究选题上，有意无意逢迎上级的偏好、揣摩上级的意图，而不是立足于决策问题的现实需求。二是在研究内容上，有时不是决策前的有效咨询辅助，而是决策后对政策的解读和注释。这种看似独立研究的假象将直接影

① 王文：《打造有国际影响力的中国智库品牌》，《对外传播》2014年第5期。

响研究成果的水平、质量以及智库本身在社会中的公信力。

3. 筹款渠道缺乏

当前我国智库的资金来源多为政府全额或差额拨款，然而政府的资金投入也相对有限。官方智库、半官方智库、大学智库尚可分一杯羹，社会智库处境就相对艰难了。社会智库只能通过自筹的方式来补充经费，加之我国尚未形成捐赠的风气。社会智库收到的来自企业、基金会、个人的捐款微乎其微。筹款渠道的缺乏，导致我国智库的研究经费不足，限制了其政策研究工作。

智库经费难以保障往往会导致智库的研究人员待遇较低，相应地，可能使得一些科研骨干和业务骨干流失较为严重。国家应进一步完善投入机制，对智库研究人员按照研究职称给予科研启动经费支持，根据课题的类型给予相应的配套，重点扶持学科中的业务骨干，增强经费使用的针对性，提高经费的使用效果，采取多种举措，扩大资金筹集渠道。

对智库来说，应开拓多元的经费筹集渠道。中国的各类智库应努力构建市场化的运作机制，智库只有在不断应对市场化发展的过程中才能健康地生存和壮大。因此，应积极争取各中央部委、地方政府或公司的委托课题，多方筹集资金。同时还应建立资金公共积累机制，增强自有资金，以期在经费方面尽量减少对外界的依赖性，加强自主研究，增强调研的创意性、独立性和客观性。

第一，政府可以加大智库成果购买力度。如果把不同观点、信仰、理念、主张等可以自由平等竞争的平台看作思想市场，那么这个市场上就存在需求方和供应方。当智库处于发展初期时，无论买方市场，还是卖方市场的扩大，都能促进智库的发展。政府作为最大的买方，其拉动作用自然不可小觑。一方面，政府应加大对智库的投入，增加委托课题以及自行申报课题的资金，使智库有能力开展那些耗时长、资金需求大综合性的研究项目。另一方面，对于智库自主研究的有价值的课题，政府应该进行购买。思想市场不仅包括国内思想市场，还意指全球思想市场。中国必须提升自己在全球思想市场的购买力，才能增强中国智库在全球的竞争力。

第二，鼓励企业、个人、基金会捐赠。对智库来说，筹集资金最理想的方式是筹集一笔为数可观的捐款，建立捐赠基金，用其所产生的利息来支撑本智库的运作。若捐赠基金数额足够大，就可以成为智库稳定的资金来源。因此，国家应引导社会资金进入智库研究领域，出台税收优惠措施，特别是对企业以及个人向智库的资金捐赠要适用税前抵扣政策，并且捐款不能超过一定比例，同时还可以考虑对智库免征所得税。放宽基金会注册限制，鼓励基金会发展。

第三，智库还可以创新筹款方式。美国传统基金会设计了一套捐款标准，捐赠不同的金额，可享受到赠送刊物、参加基金会俱乐部、参与有社会知名人士出席的大型宴会以至于用捐款人名字制作成的牌匾的待遇。这些基金会同时还在网站上公布捐赠者以及捐赠金额，接受公众监督。我国智库可以借鉴这种做法，鼓励公众捐款。另外，智库也可以开展公益活动，创办大型演讲会，出版自己的刊物来获得研究资金。多元的资金来源渠道，可以让智库摆脱对单一个体的依赖，不至于在资金链出问题时措手不及。

二、人力资源能力

人力资源是智库投入保障的第一资源。一流智库需要有一流人力资源支撑。智库作为运用自己的智慧和才能为国家、企业、社会提供决策服务的智囊团，其战略谋划和综合研判能力是其满足需求、立足智库行业的根本。没有一流的成果，就没有一流的智库，而没有一流人力资源，一切都是空谈。智库是公共政策的设计机构，而智库的研究人员就是政策工程师，他们利用政治学、经济学、社会学等各种知识，在给定的条件下提出解决现实问题的最优方案，或者提出一组方案，供政府和公众选择，而他们面对的研究对象比物理工程师复杂得多，因而对人力资源的素质要求非常高。当今世界，智库研究的公共政策问题非常复杂，影响因素和变量非常多，政策的变动又会引起诸多变量的连锁反应，这和自然科学有很大的区别，不但条件无法假定也无法割裂出来在实验室模拟。因此，智库研究的科学性、专业性要求很强。这就需要有高质量的智库人力资源来实现、满足这一要求。

发展至今，中国智库的发展和能力提升需要有高水平的人力资源支撑，但在现实中往往面临着诸多困难。比如，人员进出通道不畅通，高素质人才缺乏且结构不合理。智库选拔人才的标准也比较片面，偏好研究型学者，不能适应智库的发展。比如，人员的学科背景不合理，难以满足现代智库综合研究的需要，人员从业背景过于单一，研究人员文化水平参差不齐，地方尤其西部地区智库机构人才缺乏等。

在智库人才方面，在立足现实的基础上，应勇于创新选人用人机制。比如，腾笼换鸟。我国智库人员多有编制，人员流动性差，若要解决现有智库人员存在的平均年龄偏大、专业及从业背景单一、文化素质参差不齐的问题，必须招聘年轻、互补性专业以及高学历的人才。但是碍于智库编制的限制，大规模的招聘是不现实的。经济结构的调整，产业结构的升级提出过“腾笼换鸟”的概念，智库人才结构的优化亦适用此方法——“腾岗换才”。

1. 拓宽人才标准

鉴于智库功能的重新认识，智库应该招聘多种专业、行业背景的人才。我国一些智库声望高、资源广，如果能够放低身段，向社会广纳贤才，而不是仅局限于学术界，那么必然会有一大批具有媒体经验、营销经验、国际经验的精英愿意加入到智库中来。智库可以到外企、合资企业、国际组织中寻求目标，给予市场化的报酬，努力打造中国的智库人才梯队。社会智库可能没有什么资源优势，但可以鼓励退休公务员到社会智库做研究，并且支持官方智库、公务员、高校科研院所人员到社会智库兼职，确保社会智库人才素质。除了要注意研究人员的招聘，智库还应该注意招聘具有领导才能的人。高素质的领导是智库的领头羊，可以拓宽智库视野，扩展智库发展边界。并且能够对智库研究人员及其助手以及行政后勤人员进行合理分配。事实上，西方智库也同样看重研究人员的创新能力。比如亚当·斯密研究所就曾聘用过一名拾荒者，仅仅因为这个人有研究头脑和创造力。另外兰德公司也会雇用1%的在军队和政府部门长期工作过的无学历者，并把他们看作积淀下来的最有才华的人。因此，我国智库在选用人才时应适用多元指标，切莫唯学历是从。

2. 创建专家学者网络团队

通过大量的不同领域的项目研究，创建起包含多国家、多地区、多领域、多学科的专家学者团队。通过项目研究招聘各个领域的领军学者，对研究课题从多视角提供全方位研究，从而提高研究成果的质量。现实中虽然有些项目是短期的阶段性项目，但有些有前景的，智库可以持续对其跟踪，甚至可以成立研究中心。通过研究中心，源源不断地去吸纳资源、整合资源，进而拓展研究领域，增强研究实力，夯实智库雄厚的研究基础。

3. 打造中国的“旋转门”机制

美国智库影响力的发挥，得益于它的“旋转门”机制。目前，中国也存在微微开启的“旋转门”，即政府退休官员到智库中任职。但效果不好，智库成为了退休俱乐部，影响了智库的能力，这可能与退休人员一旦退休，没有机会再进入官场，心情失落或者意识放松有关。最好的办法是，智库和政府互为对方的储备人才中心，这样既可以为政府决策提供咨询，也可以使智库获得更多的资源。因此中国的另一扇“旋转门”也应该打开，如果不能确保智库人员到政府任职，至少要确保智库人员有参与政府决策的经历。其实政府可以更好地发挥聘任制的作用，将一些技术性强的职位针对智库人员开放，也可以允许智库人员到政府部门挂职，旁听政府工作会议等，同时可以开展大量的访问学者项目，增进学者的交流，使不同国家地区的访问学者带给智库充足的信息资源，进而提高研究课题的针对性和有效性。

三、信息获取能力

信息资源是智库建设不可或缺的资源和要素。当前，信息通信技术改变了人类生产、生活和交流的方式，也是我们研究中国国家治理现代化的前提。信息化时代的国家治理，必须充分利用信息通信技术。从人口普查、经济普查、土地普查到经济、教育、医疗等各方面的政府决策，任何政策的制定与实施都离不开目标人群、行为方式等信息的获取与传递。人民能够有效地参与到国家治理活动中，也必须依靠对经济社会和国家事务准确信息的了解。随着互联网等信息技术的广泛应用，在全新的信息时代背景下，政府与企业、个人之间的互动方式发生了重大革新，政府作为信息节点的作用无处不在，成为整个国家社会网络中的核心节点。在现代智库建设中，信息资源将发挥不可或缺的重要作用。

信息情报在智库建设中具有前端作用。综观各国著名智库的发展历史和管理架构，信息情报在智库工作中的前端功能是全球智库发展的普遍规律。在全球的各类智库中，信息情报部门成为组织架构中的重要组成部分。英国发展研究院为配合其“将知识应用于发展实践”的理念，专门设立了知识服务信息部，提供各类信息和资源以及咨询服务，该部门包括 1966 年创办伊始成立的图书馆，名为英国发展研究图书馆，馆藏中有大量发展中国家的研究文献，居欧洲之冠。知识服务信息部还包括各类信息收集、传递、互动和共享平台，如知识合作中心、参与资源中心、学习小组等。英国发展研究院先后建立了网站和信息系统网络，成立知识合作小组，以统筹全院知识信息的整合与传递。英国皇家国际事务研究所建有图书馆，为研究所个人会员和团体会员提供参考咨询、图书借阅和无线网络服务。德国国际政治与安全研究所成立图书馆与信息服务部，由图书馆与信息服务管理处、教育与培训处、信息研究处、图书馆、德国信息网络与科学门户网、系统管理与编目处、技术信息管理处等部门组成。瑞典斯德哥尔摩国际和平研究所自 1968 年起也专门为研究人员成立了图书馆，其馆藏基本是以研究项目为导向，而其中大量的报告、会议文献成为不可多得的灰色文献。日本著名的社会智库野村综合研究所建有自己的图书馆并定期出版《智慧的资产创造》，还建立起了自己的信息银行，专门收集国内外各类情报资料以及各地区、各行业的宏观与微观数据信息，为智库的咨询研究提供了完备的信息数据支持。新加坡的东南亚研究所成立于1968年，该研究所的图书馆藏有自19世纪以来极为丰富的各类载体的东南亚文献，被业界誉为东南亚研究所的“智慧中心”。①

国外发达智库都建有各类专题特色数据库，为智库的前端服务提供了基础。美国国际经济研究局建立了内容丰富的各类数据库，主要包括宏观数据、产业数据、国际贸易数据、个体数据、医疗数据、人口与生命统计数据、专利与科学论文数据以及有关指数等，这些数据都在网站上公布，成为研究人员引用和参考的重要情报源。美国的国际战略研究中心编辑出版各种计划的简报、每月通讯、实况报道和当前争论的关键问题，并提供研究人员在线查看服务。② 中国的智库虽然在数量规模上已经位居世界前列，但是在研究成果的多领域覆盖性、专业化、影响力等方面同西方发达国家相比差距依然明显。其中重要的原因是积累的缺失，特别是资料、数据的积累和使用明显不足。西方国家智库具备共享的、专业的数据库，这是发现规律、把握规律，从中提炼现实结论和预期未来走向的基础。这也是类似沃尔玛这种零售企业率先运用“大数据”“重新发明”零售业的成效所在。从这个意义上说，没有丰富、充实、准确和共享的资料和数据平台，也就不可能有智库事业的发展。

具体到我国智库建设中的政策信息资源来说，还存在着政府信息公开不足，智库信息化建设程度低等问题，制约着智库能力的提升。据有关方面统计，我国有用信息的80%由政府掌握。政府信息公开的力度明显缺乏，这就导致智库无法获得充分的研究信息，影响智库研究质量。另外，公众难以获得政府控制的信息，无法形成真正的公众诉求，智库很难做好公众与政府的桥梁，无法代表真正的公众利益。

---

① 参见王世伟：《试析情报工作在智库中的前端作用——以上海社会科学院信息研究所为例》，《情报资料工作》2011年第2期。

② 参见王世伟：《试析情报工作在智库中的前端作用——以上海社会科学院信息研究所为例》，《情报资料工作》2011年第2期。

智库虽能够为决策科学性把关，提供咨询服务，但在现实决策中，如果没有得到与其地位相匹配的获取信息的权力，就有可能出现专家拿出的方案与民意相违背的现象。官方智库可以凭借其隶属关系获得一定量的决策信息，社会智库尤令人担忧。智库信息化是实现智库发展、智库现代化建设的必经之路，而影响信息化的最直接因素就是信息化人才和信息化资源。在我国，大部分智库没有专业化的信息队伍，未设置专门的信息机构。这直接导致对现代信息化技术利用不足，对现代大数据、物联网的利用不够充分。另外，智库信息化资源也是实现智库信息化建设的有力支撑。智库实现信息化需要电脑、网络等设施，也要对其进行更新和维护，而我国智库现代化的信息设备相对缺乏，也未投入足够的资源。

智库作为公共政策的主要参与方，其在政府决策过程中并未获得与其责任相符的信息权力，社会智库尤为突出。政府作为最大的信息所有者和控制者，如不主动公开信息，就会使智库在提供决策方案时缺少可操作性。同时，公众也难以获得公共信息，无法形成真实的诉求，使得智库在调研时无法获得准确的第一手资料。这种信息的不对称，是政府决策失误的重要原因。另外，我国智库信息化建设程度不高，跟不上现今信息技术高速发展所要求的大数据决策要求。

因此，为更便利获取智库建设所需要的信息资源，应在加大政府信息公开力度、加强信息化建设等方面多做文章。参与政府决策需要智库掌握大量的信息与数据，才能保障其研究成果的价值与质量。智库的登记注册制度，决定了智库很多有价值、有效的信息来自其业务主管部门，或者来自研究人员自身的人际网络渠道，而非由专门的政务信息公开部门提供，这就使得智库在获得充分的信息时缺乏一定的制度保障。政府应该在引入专家咨询时，将智库的专家由纯粹的信息输入者作为对话者、讨论者来对待。换句话说，政府应该在不涉密的前提下，为智库提供充分的背景信息，保障专家话语权的有效性。政府还应该搭建决策信息数据库，并且在保密的前提下对智库开放。智库还可以邀请政府官员来智库发表演讲，邀请政府官员参加学术会议和各种交流活动，及时了解政府决策信息动态。

智库信息化是实现智库发展，实现智库现代化建设的必经之路。西方智库的信息化建设比较完备，而我国智库的信息化建设处于起步阶段。应通过设置专门的信息化预算，制定专门的信息化规划，设置专门的信息化部门，加强信息化建设的领导。应该增加信息化建设投入。一方面，必须招聘掌握一定的计算机技术、网络技术、多媒体技术等新型信息技术的人才，现如今大数据的应用，也对研究提出了更高的要求，新的研究方式的引入，可以增强研究的科学性与全面性。另一方面，智库需要加强计算机、网络等信息化硬件的购置、更新、维护，确保智库信息化建设推进。另外，还应设立信息资源库。建立各种形式的数据库，并实现智库间共享。

第八章　智库协同创新能力

每个智库机构都是社会体系中的一个子系统，不是孤立存在的，而这样的子系统在社会体系中有许许多多个。这些智库之间，以及与其他组织机构之间，要不断发生联系，并从中获取所需的智库能力资源，甚至相互协作组合成新的智库机构形式，以更有利于智库能力的发挥。智库协同创新是当前我国智库建设中出现的一种新兴现象，有其存在的合理性和推动智库建设的创新性，值得我们重视并加以研究。智库协同创新的具体形式，不仅有智库之间的协同创新，还有智库与非智库之间的“跨部门”协同创新，如智库与企业间的协同，智库与政府间的协同创新等；不仅有“块块”区域内的智库协同创新，还有“条条”系统内智库间协同创新，甚至国际间智库创新等各种形式。

一、协同创新理论与实践

所谓“协同”，就是指两个或者两个以上的不同资源或者个体，协同一致地完成某一目标的过程。结构元素各自之间的协调、协作形成拉动效应，推动事物共同前进，对事物双方或多方而言，协同的结果使个体获益、整体加强、共同发展。而“协同创新”（collaborative innovation），是一种致力于取长补短的智慧行为，其特点在于围绕创新目标，多主体、多元素共同协作、相互补充、配合协作。要实现协同创新，必须使得创新资源和要素进行有效汇聚，通过突破创新主体间的壁垒，实现深度合作，充分释放彼此间“人才、资本、信息、技术”等创新要素活力。

本质上，协同创新是一种组织内部或相互之间形成的知识（思想、专业技能、技术）分享机制，特点是各独立的创新主体拥有共同的目标、内在动力，通过直接沟通，依靠现代信息技术构建资源平台进行多方位交流以及多样化协作。协同创新是以知识增值为核心，通过创新组织模式，企业、政府、知识生产机构（大学、研究机构）、中介机构和用户等为了实现重大创新而开展的大跨度整合。合作的绩效高低，很大程度上取决于知识增值的效率和运行模式。知识经济时代，传统资源如土地、劳动力和资本的回报率日益减少，信息和知识已经成为财富的主要创造者。在知识增值过程中，相关的活动包括知识的探索和寻找、知识的检索和提取、知识的开发、利用以及两者之间的平衡、知识的获取、分享和扩散等。协同创新过程中知识活动过程不断循环，通过互动过程，越来越多的知识从知识库中被挖掘出来，转化为资本，并且形成很强的规模效应和范围效应，为社会创造巨大的经济效益和社会效益。①

协同理论是系统科学的重要分支理论，它研究不同事物共同特征及其协同机理，着重探讨各种系统从无序变为有序时的相似性，是20世纪70年代以来，在多学科研究基础上逐渐形成和发展起来的一门新兴学科。近几十年来，这门学科获得了长远发展并被广泛应用。协同论的创始人，是联邦德国斯图加特大学教授、著名物理学家哈肯（Hermann Haken）。他解释说，之所以把这个学科称为“协同学”，一方面是由于我们所研究的对象是许多子系统的联合作用，能够产生宏观尺度上的结构和功能；另一方面，它又是由许多不同的学科进行合作，来发现自组织系统的一般原理。

① 参见李兴华：《协同创新是提高自主创新能力和效率的最佳形式和途径》，《科技日报》2011年9月22日。

协同论具有普适性特征，应用范围广阔。由于协同论把它的研究领域扩展到许多学科，并且试图对似乎完全不同的学科之间增进“相互了解”和“相互促进”，这使得协同论成为了软科学研究的重要工具和方法。它不仅可以应用于物理学、化学、生物学、天文学等，还可以应用于经济学、社会学以及管理科学等许多社会科学。比如，经济学领域中的城市发展问题、经济繁荣与衰退问题、技术革新和经济事态发展等方面的各种协同效应问题；社会学领域中的舆论形成模型、大众传媒的作用、社会体制以及社会革命等问题。因此，协同论作为一门以研究完全不同学科中共同存在的本质特征为目的的系统理论，其广泛的适用性和普适性是显而易见的。

协同是现代管理发展的必然要求。协同论告诉我们，系统能否发挥协同效应是由系统内部各子系统或组分的协同作用决定的，协同得好，系统的整体性功能就好。如果一个管理系统内部，人、组织、环境等各子系统内部以及他们之间相互协调配合，共同围绕目标齐心协力地运作，那么就能产生 1＋1＞2 的协同效应。反之，如果一个管理系统内部相互掣肘、离散、冲突或摩擦，就会造成整个管理系统内耗增加，系统内各子系统难以发挥其应有的功能，致使整个系统陷于一种混乱无序的状态。现代管理面临着一个复杂多变、不可预测、竞争激烈的环境，在全球化趋势日趋明显的情况下，各个组织都要通过协同一切可以协同的力量，来弥补自身的不足，提高自身的竞争优势。

全球一体化的趋势明显，组织间的竞争变得激烈纷呈，高新技术的出现和更迭越来越快，产品的生命周期越来越短；消费者导向的时代已经到来，消费趋向多样化、个性化，这些都给组织机构的活动方式带来了新的挑战，组织环境变化和人们需求质量的提高，对组织机构的生产与服务提出了更高的要求。在这样的背景下，各种组织系统要生存和发展，除了协同好内部各子系统之间的关系之外，还需协同一切可以协同的力量来弥补自身的不足，提高自身的竞争优势。

协同效应是协同理论的重要内容。协同效应指由于协同作用而产生的结果，是指复杂开放系统中大量子系统相互作用而产生的整体效应或集体效应。对千差万别的自然系统或社会系统而言，均存在着协同作用。协同作用是系统有序结构形成的内驱力。任何复杂系统，当在外来能量的作用下或物质的聚集态达到某种临界值时，子系统之间就会产生协同作用。这种协同作用能使系统在临界点发生质变产生协同效应，使系统从无序变为有序，从混沌中产生某种稳定结构。协同效应说明了系统自组织现象的观点。

自组织原理是协同理论的另一个重要内容。有学者提出协同创新的理论框架，即战略协同、知识协同和组织协同。[①] 我们在本书中主要关注的内容，就是组织维度上的协同创新。自组织是相对于他组织而言的。他组织的特点在于组织指令和组织能力来自系统外部，而自组织则指系统在没有外部指令的条件下，其内部子系统之间能够按照某种规则自动形成一定的结构或功能，具有内在性和自生性特点。自组织原理解释了在一定的外部能量流、信息流和物质流输入的条件下，系统会通过大量子系统之间的协同作用而形成新的时间、空间或功能有序结构。

自组织是管理系统自我完善的根本途径。协同论的自组织原理旨在解释系统从无序向有序演化的过程，实质上就是系统内部进行自组织的过程。协同是自组织的形式和手段。由此可以认为，现代管理系统要想从无序的不稳定状态向有序的稳定状态发展，实现自我完善和发展，自组织是达到这一目的的根本途径。当然，管理系统要实现自组织过程，就必须具备自组织实现的条件。首先，管理系统必须具有开放性。能与外界进行物质、能量和信息的交流，确保系统具有生存和发展的活力；其次，管理系统必须具有非线性相干性，内部各子系统必须协调合作，减少内耗，充分发挥各自的功能效应。

协同创新已经成为创新型国家和地区提高自主创新能力的全新组织模式。随着技术创新复杂性的增强、速度的加快以及全球化的发展，

① 参见何郁冰：《产学研协同创新的理论模式》，《科学学研究》2012 年第 2 期。

当代创新模式已突破传统的线性和链式模式，呈现出非线性、多角色、网络化、开放性的特征，并逐步演变为以多元主体协同互动为基础的协同创新模式，受到各国创新理论家和创新政策制定者的高度重视。纵观发达国家创新发展的实践，其中一条最重要的成功经验，就是打破领域、区域和国别的界限，实现地区性及全球性的协同创新，构建起庞大的创新网络，实现创新要素最大限度的整合。比如，美国硅谷成功的关键在于区域内的企业、大学、研究机构、行业协会等形成了扁平化和自治型的“联合创新网络”，使来自全球各地的创新创业者能够以较低的创新成本，获取较高的创新价值。在欧洲，随着欧洲一体化进程的加快，协同创新网络蓬勃发展。特别是芬兰、爱尔兰、瑞典、瑞士等国，技术创新实力虽然不如德国、英国、法国等老牌资本主义国家，但通过积极推进协同创新，建立全球性创新网络，创新能力也得到跨越式的发展。尤其在经济社会全球化环境下，实现以开放、合作、共享的创新模式被实践证明是有效提高创新效率的重要途径。充分调动企业、大学、科研机构等各类创新主体的积极性和创造性，跨学科、跨部门、跨行业组织实施深度合作和开放创新，对于加快不同领域、不同行业以及创新链各环节之间的技术融合与扩散显得更为重要。协同创新是各个创新要素的整合以及创新资源在系统内的无障碍流动。[①] 近年来，我国在多个领域有了开展协同创新的成功经验。比如，教育部自2012年启动实施“高等学校创新能力提升计划”（简称“2011计划”），四年为一个周期，旨在建立一批“2011协同创新中心”，大力推进高校与高校、科研院所、行业企业、地方政府以及国外科研机构的深度合作，探索适应于不同需求的协同创新模式，营造有利于协同创新的环境和氛围。

在我国当前智库建设热潮中，出现了各种协同创新现象，而且形式多样，令人瞩目。“智力资源是一个国家、一个民族最宝贵的资源，我们进行治国理政，必须善于集中各方面智慧、凝聚广泛力量，改革

① 参见陈劲、阳银娟：《协同创新的理论基础与内涵》，《科学学研究》2012年第2期。

发展任务越是艰巨繁重，越需要强大智力支持。”① 通过智库协同创新，在各智库主体和智库平台功能定位基础上，突破区域、单位、学科、身份本位的界限，促进智库人才、经费、课题、成果的优化配置，实现智库主体的合纵连横、智库平台的联动互通、智库要素的优化重组和智库管理的机制创新，培养一批相互关联的高端和专业智库，形成定位明晰、特征鲜明、规模适度、布局合理，能够彰显地方软实力、为经济社会发展提供强大智力支撑的有机整体。说到底，智库协同创新，体现了“开门办智库”的有益思路。

二、系统内智库协同

系统内智库协同即同一个行政系统内的智库机构协同问题。在行政管理模式上，中国具有典型的中央集权特征。相应地，这种模式通常会形成从中央到各级地方同类机构之间的“条条化”管理体制，特点是部门化、自上而下，就是我们通常所称的各种“系统”。当然，系统内的具体管理关系各自不同，有些属于垂直化管理，就是所谓的“直管”。更多的情况，属于自上而下的业务指导管理，行政上以地方“块块化”管理为主。这样的行政性系统普遍存在，不仅包括政府部门，也包括各类党群事业单位。在智库建设领域，也是如此。比如，高校系统、党校系统、社科研系统，甚至政府部门的“条条”化体系，如各级各地的政府发展研究中心等。某个系统在开展智库建设时，往往会出现显著的统筹规划、协同推进现象。比如，2014 年，教育部印发《中国特色新型高校智库建设推进计划》，统筹高校系统发挥战略研究、政策建言、人才培养、舆论引导、公共外交的重要功能，打造高校智库品牌，带动高校咨政能力的整体提升。

---

① 参见《学习贯彻党的十八届四中全会精神　运用法治思维和法治方式推进改革》，《人民日报》2014 年 10 月 28 日。

三、区域智库协同创新

每个智库都有自己的视野定位。有的智库视野定位为国际，有的智库视野定位为全国，而有的智库把视野定位为本地区。具体区域的大小也不尽相同，大到跨省份的京津冀、长三角、珠三角等，小到省内或若干相邻的市、县。有鉴于此，诸多立足于为当地发展献计献策的智库，就可以开展区域协同创新。比如，京津冀协同发展上升为国家战略以来，立足研究这一时代课题的智库相继成立。那么，如何通过协同创新把这些智库联动起来，用好“外脑”，是一个紧迫的课题。北京中央单位集中，高校和研究机构众多，智力资源丰富，建设新型智库就要加强与部属高校、首都高校、科研单位和社会组织的合作，探索建立国家级智库、北京市属智库、高校智库和社会智库协同创新机制。通过整合各方研究力量，联手开展研究攻关，搭建党委、政府与学界、学者与实践之间紧密互动的平台。[①]

四、跨类型智库协同

根据各自特点和标准，可以把智库划分为不同类型。综合来看，国内外智库研究学者对于智库类型的划分依据通常包括：智库的研究专业知识类型、智库的隶属关系和资金、智库的预算规模、智库研究问题的导向类型以及智库的政治立场倾向和意识形态。由于立足点以及具体划分依据和方法不同，西方在智库类型划分上往往与中国存在较大差异。比如，威弗根据功能把智库划分为以学术理论研究为导向的智库、接受合同委托研究的智库、倡导型智库。[②] 安德鲁·里奇将

---

① 参见林坚：《以协同创新助推首都新型智库建设》，《北京日报》2016 年 2 月 26 日。

② 参见 Kent R. Weaver，*The Changing World of Think Tanks*，*Political Science and Politics*，1989，563—578.

智库分为面向市场的、不面向市场的和合同研究三大类。[①] 麦肯根据智库中研究者的类型和智库的社会功能将智库划分成政党代言型智库、政策制定型智库、影子型智库、社会活动家型智库和学者型智库。[②] 而丁煌将智库划分为官方的智库机构、半官方的智库机构、民间的智库机构和大学的智库机构四类。[③] 汪廷炯将智库分为单一课题组、合同制研究机构、大学的研究机构和倡导式思想库。[④] 薛澜、朱旭峰根据法律将我国智库划分为事业单位法人型智库、企业型智库、民办非企业单位法人型智库和大学下属型智库。[⑤] 本书根据我国实际，主要从智库的组织形式、隶属关系和研究领域三个方面出发，对我国智库进行归类，主要有政府智库、高校智库、社会智库以及企业智库四类。应该说，每种类型的智库都各有其特点和优势，也有其短板。通过不同类型的智库间协同创新，可以实现优势互补。

五、智库国际协同

关注全球问题、建设国际化智库已成为全球主要智库建设的目标和方向。提出前瞻性、创新性的看法和主张，能洞悉世界发展的潮流是成功的智库的必备要素。全球智库全球化理念逐步加强，各国开始从对国别问题的关注转移到对全球化问题、全球共同治理等重大议题的关注上来。目前，国际上很多智库已经开始“拆围墙”，采取开放政策，利用实施国际化合作与研究，广泛建立国际合作网络，通过课题研究合作、召开国际会议等，通过全球合作，发挥智库对全球性议题

---

① 参见 Andrew Rich，*Think Tanks*，*Public Policy*，*and the Politics of Expertise*，New York：Cambridge University Press，2004，88—92.

② 参见〔美〕詹姆斯·麦肯著，何乐编译：《全球智库调查报告》，《外交政策》2009 年第 1 期。

③ 参见丁煌：《美国的思想库及其在政府决策中的作用》，《国际技术经济研究学报》1997 年第 3 期。

④ 参见汪廷炯：《论思想库》，《中国软科学》1997 年第 2 期。

⑤ 参见朱旭峰：《中国思想库——政策过程中的影响力研究》，清华大学出版社 2009 年版，第 70—74 页。

的积极作用。国际智库更是坚持把“请进来”与“走出去”结合起来，通过内外互动提升自身影响力，如美国兰德公司每月组织150名调研咨询人员参观访问外界的民间的军事科研机构，同时接待来自世界各地约400名同行和政治家的访问。在国际交往中心，我国智库应注重搭建国际交流平台，利用好国内外交流机会，借鉴和吸收国际智库研究成果，深度参与全球治理研究和政策对话，提升参与重大国际议题设置、国际规则制定、国际协商谈判的能力和水平。同时要强化对外传播能力建设，在国际舞台上讲好中国故事，提升国际交往中心服务水平。

六、智库跨部门协同创新

这里的“跨部门”，指的是智库与非智库机构间的协同创新。其中，最重要的智库跨部门协同创新，体现在智库机构与政府部门之间。政策科学创立者、美国学者哈罗德·D.拉斯韦尔（Harold D·Lasswel）认为，作为政策科学基本规范之一，政策科学是一个需要专家学者和政府官员共同研究的学问，后者的实践经验对于政策科学的发展具有重要的意义。因此，智库开展政策研究，必须注重与政府部门、政府官员合作。实际上，政府对于智库的意义远不止于此。政府是智库研究的需求方，政府决策需求是智库开展相应研究的原动力。通过相应渠道使得政策研究成果对政府决策产生影响，是智库研究的最终归宿。另外，政府往往还是智库研究的重要资金来源和信息来源。实践中，智库与政府间的协同创新，推动者不仅是智库，还可能是政府部门。也就是说，智库和政府部门都可能彼此寻求与对方的合作。当然，智库的跨部门协作不仅仅发生在智库与政府之间，还发生在智库与企业之间，智库与教育、培训、研究机构等之间。

第九章　智库内部治理创新能力

从系统的角度看，任何外部支持和压力都要通过有效的内部转化机制才能形成有价值的、得到各方认可的产品或成果。从这个角度看，内因作用的重要性丝毫不亚于外部环境因素。因此，我们在研究智库系统的能力要素时，要尽力打开智库内部治理的“黑箱”，剖析其内部治理创新能力。

一、考评激励创新能力

我国对研究人员的考评一直滞后，往往带来的是研究机构不能人尽其才、效率受到制约。现有智库大多作为传统研究机构的组成部分，在考评激励创新不足方面具有普遍性。其表现如智库人员的考评手段简单、评价指标单一、重同行评议、轻社会与政府评价、不能衡量智库人员的综合素质等。另外，在综合性研究机构中，有时以科研为导向对智库人员和智库成果进行考核，往往以论文著作等学术成果为考评对象，不考虑决策咨询类文章。有的单位一年一考核，两年一评估，且考核评估的结果直接与职称、职务、津贴等利益挂钩，为鼓励智库人员进行公共政策研究做了不好的导向。[①] 科研成果考核中往往过分注重量化与标准化，过分依赖数量考核而忽视成果质量评比，这种做

① 参见于敬、周玲：《高校科研业绩考核评价体系中存在的问题与思考》，《科技管理研究》2010年第18期。

法不利于引导智库研究人员形成以政府的政策需求和现实社会问题为导向的研究意识。

因此，智库人员普遍存在激励动力不足的问题。中国的智库大多属于官方背景智库，研究人员不管研究能力强弱，均不会面临失业的风险。换句话说，科研人员就算未产出成果也照例能够从单位得到相应的报酬，这就导致研究人员缺乏努力搞科研的动力，科研人员也没有节约研究经费的意识，因此出现低效率、得过且过的状况。长此以往，整个智库均缺乏竞争意识。

要完善智库考核激励机制，需要在很多方面进行机制创新。比如，改革智库人员职称评定机制。首先，要增加决策咨询类研究成果在职称评审中的占比，增加此类研究成果对职称评定的影响系数。将省委、省政府领导以上的批示及重大决策中采用的成果视为权威刊物发表的论文；其次，考评不过分强调数量，不给智库研究人员研究成果定数量指标，寻求短期考评与长期考评的结合；再次，同行评议与政府社会评价并举；最后，引入绩效工资制度，提高绩效工资在收入中的比例，尤其注意在项目资金中增加智力型劳务收入的比例。

智库工作责任重大，内容繁重，应对智库人员适用高于社会报酬的激励机制。一方面，政府可以制定一系列的鼓励措施，比如：给予智库与其能力相符合的排名和一定的研究资金作为奖励。另一方面，智库可适当提高研究人员报酬，改善工作环境，并保障工作人员休假的权利。

经费使用创新，是实现考评激励的重要组成部分。在我国科研领域，包括社会科学研究领域，经费管理僵化低效比较普遍，导致经费浪费现象严重。这其中既有体制性因素，也有各科研机构自身因素。我国多数智库的管理机制与政府机构相似，组织机构庞大，编制内人员多，行政工作人员占相当比例，组织经费、人员招聘并不围绕研究课题设置。同时，智库也有公共部门的缺点，比如成本控制缺失导致科研经费的挥霍。我国多数智库的经费来源是财政全额拨款或差额拨款，政府用于决策研究的经费多数是直接拨给官方决策研究机构。我国智库的特点，加之现有的拨款方式，使得智库经费浪费现象比较普遍，2010年，仅仅由国家审计署统计出的资金就多达10亿元。中国科协的一项统计结果表明，科研经费被用于项目本身的比例仅占40%左右，相当多的科研经费被用在了项目研究之外。经费的挥霍浪费、配置不合理导致原本就无法在资金规模上同国外相提并论的中国智库显得更加捉襟见肘。

这其中，也存在着项目经费分配不合理的因素。目前我国各类官方研究基金，如社科基金、自然科学基金、软科学课题，对课题经费中的劳务报酬所占的比重都进行了严格的限制。这种经费使用办法不符合决策研究的实际，不利于体现决策研究人员的劳动价值。因为决策研究的主要投入是人力资本，而不像自然科学研究、技术研发需要大量的设备、材料的投入。因此，这种经费使用办法也违背科学研究的规律。

智库机构应创新财政拨款方式。将原来以机构为单位的拨款方式，改为针对研究项目拨款。这种拨款模式一是有助于各类型的智库在获取政府财政资金的时候拥有平等的可能，这会给社会智库的发展提供较大的空间；二是可以提高财政资金的利用效率，在某种程度上杜绝了研究资金用来养机构、养闲人的现象，减小了智库组织对资金使用效率的影响；三是有助于在智库间慢慢形成竞争机制，培养智库的竞争意识，形成一种不管是哪类智库，哪个智库，只要能创造出高质量的研究成果，政府就为其买单的大环境。同时，智库机构应优化项目经费分配。在申请项目时，将课题承担者的工资计入预算。智库研究应该体现尊重知识、尊重专家的原则，如果没有较高的福利，至少应该给专家付出的脑力劳动相应的报酬。这样，研究人员也就不会想着如何偷工减料、弄虚作假去扣除自己的报酬，而是将更多的精力放在研究上。财务部门要在遵守财务纪律的情况下，简化报销环节，注意不要把研究人员逼成会计出纳。

二、组织再造能力

组织再造主要起源于企业管理领域，就是要改变企业在工业时代构建的组织模式，充分利用信息技术手段和现代管理理念，建立符合信息时代要求的组织模式。这种理念也可以扩展到政府组织和其他各类组织，包括智库组织。开展组织再造创新，有许多管理工具可以借鉴，能够为智库内部治理打开思路。

流程再造是组织再造中的重要管理理念和变革模式。流程再造的核心是面向顾客满意度的业务流程，而核心思想是要打破组织机构按职能设置部门的管理方式，代之以业务流程为中心重新设计企业管理过程，从整体上确认组织机构的工作流程以追求全局最优，而不是个别最优。通过改革组织内部层级式的组织结构，实现组织消肿，将传统的金字塔式组织结构扁平化、简单化，扩大管理幅度、减少管理层次，有效授权、有效沟通，减员增效、提升活力。

在智库机构创新中，为提高研究效率，去行政化是个绕不开的难题。我国智库多为官方智库，因此应该还原智库的本色，逐步去行政化和部门化。在这个过程中，应始终不忘智库以项目研究和专家为中心，其他机构均是辅助机构，应服务于研究部门，尽量的为专家提供宽松自由的工作环境。科研工作人员主要从事项目研究、科研成果的出版等工作；行政人员主要做研究后勤工作，包括智库的经费筹款、研究项目管理、与媒体的接触、智库设备的维护等。要形成辅助人员紧紧围绕研究人员工作的工作常态。另外，要注重研究队伍的合理搭配。智库的研究往往具有综合性，是一种多学科的研究，研究人员也涉及多个学科，另外还会招聘许多兼职专家。为了使这些异质性的研究人员能高效率的工作，智库必须重视研究人员与其辅助人员的合理搭配。比如兰德公司就认为，两个研究员的工作效率不如一个研究员加半个秘书的效率高。

战略管理是开展组织再造的另一个重要工具，可以帮助组织确立发展方向。战略管理是指组织确定其使命，根据组织外部环境和内部条件设定组织的战略目标，为保证目标的正确落实和实现进行谋划，并依靠内部能力将这种谋划和决策付诸实施，以及在实施过程中进行控制的一个动态管理过程。战略管理的任务，就在于通过战略制定、战略实施和日常管理，在保持这种动态平衡的条件下，实现组织的战略目标。第一，战略管理不仅涉及战略的制定和规划，而且也包含着将制定出的战略付诸实施的管理，因此是一个全过程的管理。第二，战略管理不是静态的、一次性的管理，而是一种循环的、往复性的动态管理过程。它需要根据外部环境的变化、组织内部条件的改变，以及战略执行结果的反馈信息等，而重复进行新一轮战略管理的过程，是不间断的管理。战略管理具有以下特点。

第一，外部性。现今的组织机构多存在于一个开放的系统中，组织机构影响着这些因素，但更通常地是受这些不能由企业自身控制的因素所影响。所以，战略管理强调组织不是去适应环境，而是期待和塑造组织的变迁，这一点是最重要的。同时，战略管理必须充分认识到政治权威的影响。①

第二，全局性。智库战略是对智库未来的发展方向和目标具有纲领性的规划与设计，是具有普遍性、全面性、权威性的管理决策。

第三，长远性。战略管理注重长期，是对组织长远发展的一种谋划。它决定了公司在以后相当长的一段时间内（通常是五年甚至更长）的目标和方向。评价战略优劣的一个重要标准就是看其是否有助于实现组织长期的目标和保证长期利益的最大化。智库战略必须易于操作，要结合自身条件和环境状况来制定切实可行的战略。

第四，稳定性。为了可持续发展，公司战略一旦确定后，就要保持相对稳定性，经常改变公司的发展方向和总体目标容易使成员产生无所适从的感觉，也就不能称其为战略。

---

① Barry Bozeman and Jeffrey D. *Straussman*, *Public Management Strategies*. San Francisco: Jossey-Bass Publishers, 1990, p. 64, pp. 29—30.

第五，风险性。智库战略管理的制定为公司的发展明确了方向，便于公司齐心协力的前进，但公司战略是一把“双刃剑”，也隐含着风险。其风险来源于三个方面：一是企业根据自己的历史和当前状态所做出的判断与决策是否正确；二是企业在未来战略管理期间所面对的环境变化产生不确定因素的多少和影响程度大小；三是企业面对环境的变化其自身适应能力的强弱。智库做出任何一项决策都存在风险，战略决策也不例外。市场研究深入，行业发展趋势预测准确，设立的远景目标客观，各战略阶段人、财、物等资源调配得当，战略形态选择科学，制定的战略就能引导企业健康、快速的发展。反之，仅凭个人主观判断市场，设立目标过于理想或对行业的发展趋势预测偏差，制定的战略就会产生管理误导，甚至给企业带来破产的风险。

第六，系统性。公司战略管理是一个复杂的系统，可以分解为不同层次的子系统。战略管理将长期目标和近期目标整合成一个连贯的层级。

组织领导人之所以会重视战略管理，往往有一些诱因。例如，组织的成长或新组织的成立，对稳定自助的需要，扩张的欲望，对组织扮演多重角色的要求，领导人的更换，某些规定要求制定组织发展规划，各个部门的需要，协调行动的需要，现有组织墨守陈规、效率低下，组织的维持发展受到政治上的压力，有了新的远景目标等。组织可以用战略管理来对这些新情况做出回应。战略管理要求组织能够了解历史、研究组织面临的形势，制定问题议程，确定具体战略，评估战略的可行性和执行战略变革。

战略管理力图克服传统行政管理的局限，着眼于组织与外部环境的相互作用，系统考虑组织的未来愿景、长期目标和近期目标，将关注的焦点由内部转向外部，从注重日常管理转向组织未来的发展管理。这种组织与环境相匹配的思想成为现代战略分析的基础。战略管理提出了一条实现其理想的途径。组织在实现其理想的过程中，需要考虑形成议题的趋势和实践，对议题做出反应的行动以及那些促进或制约行动的政治和社会力量。组织发起战略管理以改变战略方向并推动组织朝理想迈进。组织战略一般包含以下几个部分：确定或反映组织的目标、意图等；规定组织从事的业务范围；确定组织的人力资源架构等。

战略管理作为当代组织管理最重要的一个环节，其思想方法已得到广泛运用。在竞争越是激烈的行业，运用战略管理的组织也越多。组织规模越大，也越重视战略管理。当组织处于外部环境急速变动或面临重大转折之际，组织就非常可能从战略角度来重组企业。正规战略规划的智库较非正规战略规划智库能较好地预见未来的发展，并大大降低了兼并活动所带来的不确定性。战略管理对于提高智库整体绩效起到了很大的作用。战略管理过程，一般包括 9 个步骤。

第一，确定组织当前的宗旨、目标和战略。定义组织机构的宗旨旨在促使管理当局仔细确定组织的产品和业务范围。对“我们到底从事的是什么事业”的理解关系到组织的指导方针。当然，管理当局还必须搞清楚组织的目标以及当前所实施的战略的性质，并对其进行全面而客观的评估。

第二，分析环境。分析环境是战略管理过程的关键环节和要素。组织环境在很大程度上决定了管理当局可能的选择。成功的战略大多是那些与环境相适应的战略。管理当局应很好地分析组织所处的环境，了解面临竞争的焦点，了解政府法律法规对组织可能产生的影响等等。其中，环境分析的重点是把握环境的变化和发展趋势。关于环境的信息可以通过各种各样的外部资源来获取。

第三，发现机会和威胁（Opportunity-threat）。分析了环境之后，管理当局需要评估环境中哪些机会可以利用，以及组织可能面临的威胁。机会和威胁都是环境的特征，威胁会阻碍组织目标的实现，而机会则相反。

第四，分析组织的资源。这一分析将视角转移到组织内部。组织雇员拥有什么样的技巧和能力？组织的现金状况怎样？在开发新产品方面一直很成功吗？公众对组织及其产品或服务的质量的评价怎样？这一环节的分析能使管理当局认识到，无论多么强大的组织，都可能会在资源和能力方面受到某种限制。

第五，识别优势和劣势（Strength-weakness）。优势是组织可资开发利用以实现组织目标的积极的内部特征，是组织与众不同的能力（Distinctive competence），即决定作为组织竞争武器的特殊技能和资源。劣势则是抑制或约束组织目标实现的内部特征。管理者们应从如下方面评价组织的优势和劣势：市场、财务、产品、研究与发展。内部分析同样也要考虑组织的结构、管理能力和管理质量以及人力资源、组织文化的特征。管理者可以通过各种各样的报告来获得有关组织内部优势和劣势的信息。

第六，重新评价组织的宗旨和目标。按照SWOT分析和识别组织机会的要求，管理当局应重新评价公司的宗旨和目标。

第七，制定战略。战略需要分别在公司层、事业层和职能层设立。在这一环节组织将寻求组织的恰当定位，以便获得领先于竞争对手的相对优势。

第八，实施战略。无论战略制定得多么有效，如果不能恰当地实施，仍不可能保证组织的成功。另外，在战略实施过程中，最高管理层的领导能力固然重要，但中层和基层管理者执行计划的主动性也同样重要。管理当局需要通过招聘、选拔、处罚、调换、提升乃至解雇职员以确保组织战略目标的实现。

第九，评价结果。战略管理过程的最后一步是评价结果，即评价战略的效果如何，需要做哪些调整，这些都涉及控制过程。

国内智库的战略管理，普遍的做法是制定发展战略，如发展规划、行动计划或年度工作计划，提出一定时期（对于发展规划通常是5年）内的指导思想、基本原则、发展目标（或行动目标、工作目标）、主要任务（或行动内容、工作内容）和保障措施，然后按规划、计划实施。但有时候计划赶不上变化。对于体制内的智库，往往难以及时调整发展战略，改变机构设置和人员配置。而对于体制外的社会智库，则对形势变化、热点问题等比较敏锐，能够及时调整自身的发展战略，增减部门和智库研究人员。

三、选题创新能力

每个智库都应明确自己的智库选题定位。中国智库缺乏影响力是一个公认的事实，其中一个重要的原因就是没有形成智库品牌影响力。甚至很多国家级的研究机构，尽管其组织规模均较大，也有较高的行政级别，研究领域也比较宽泛，但其均没有依托自身的研究优势摸索出自己的特色研究领域，也缺乏对国际共同关注的问题进行长期跟踪研究的习惯，一般就是写一份报告书或出一本针对某一领域研究结果的专著就告一段落，这样使得中国智库没有形成自己的品牌影响力。

造成这种现象的原因之一，是智库机构，尤其是体制内的智库机构，往往习惯于“命题作文”。我国智库在选题时往往根据上级的命令以及上级的委托来选题，很少自己主动研究，智库只需要对政策问题进行展开和论证即可，这使得智库有沦为政府意愿和政策传声筒的可能。智库作为决策辅助机构，其视野应比政府更加开阔，事实上，很多时候智库的视野却更加狭窄，只能充当“知库”的角色，另外这种选题方式，也不利于智库发挥公众与政府桥梁的作用，智库的公共性打了折扣，这也是智库不独立的表现。本应发出独立声音，并对公众进行引导的智库，如果只是一只“应声虫”，也不利于后期政策的执行。

因此，智库机构应致力于创新选题机制，选题突出特色、造就品牌。要明确自身的社会使命和定位，紧紧围绕这个使命和定位来树立智库的整体形象。就算是规模最大的智库，也做不到对当前社会中存在的问题进行全方位的研究，因此智库之间的分工就显得尤其必要。智库要集中全部资源和精力于某个专门领域，尤其是新兴领域。不同的智库应该有不同的研究专长、不一样的影响的领域、独特的价值倾向、长期的合作伙伴和依靠对象等。

不同智库应保证选题范围有侧重，明确定位。智库有了自身研究领域的定位，形成了自己的研究特色，就成为了专业性智库。随着智库实力的增强，研究人员、经费的增多，智库涉足的领域越来越多，就可能发展成为综合性智库。但无论哪一种智库都强调使用综合研究方法，从多角度对问题进行研究。智库要对自己的发展阶段有明确的认知，对自身实力有足够了解，从而在选题上有所侧重。比如，我国各类智库在角色定位上各不相同，在选题上也应各有侧重。官方智库有先天优势和渠道来获取决策信息，所以其可以将重心放在紧迫性政策研究上。大学智库的特点是独立性较强，但是其研究人员大多数均承担着学术研究、教学、育人的多项工作。因此，大学智库要结合自身优势，专注于战略研究和长期性研究，社会智库因为其灵活的身份，可以多担负起官方与民众的舆论沟通的工作，并且在公共外交中社会智库独立的特点使其独具优势。要根据研究优势不同，打造中国自己的智库品牌。

在具体研究方向上，应做到命题研究与自主研究并重。对政府设置的课题进行命题研究，是当前智库选题的主要方式。命题研究有其独有的优势，智库不需再绞尽脑汁去想当前社会的前沿问题是哪些，可将主要精力放在研究上。但智库作为咨询辅助类机构，不仅要做研究，还得充当政府的眼，研究政府看不到的问题，进行自主研究。这就要求智库专家首先要具有责任意识。在智库工作的专家、要心怀改造社会的良好责任感，站在国家与社稷的立场上，冷静思考、敢说真话。智库产品只有围绕现实中存在的影响社会发展的真实问题，才能对学术界和政府决策产生影响。其次，研究要具有前瞻性与战略性。智库一般会收到政府关于对策研究的合同，然而智库并不是决策者，所以其关注点不应该太具体，而要从战略角度出发。智库要弥补政府决策，致力于提出具有前沿性的思路和方案。最后，要树立“全球意识”。随着国际竞争的加剧，智库不仅要研究本国决策问题，更要关注本国在国际上的竞争力。

第十章　智库成果产出能力

智库是国家思想创新的驱动力，智库的生命力和竞争力取决于其能否为公共政策提供有效及时以及高质量的研究成果和决策咨询服务产品。目前我国智库数量虽然多，但是决策咨询的针对性、有效性不强，许多决策咨询成果缺乏理论创新、政策创新，普遍存在咨政建言“不解渴”等现象和问题，值得重视和分析。

一、智库成果数量和质量

咨询成果数量评价是智库产出评价的必要形式。智库研究成果是社会科学研究成果的重要形式，在科学评价上，定量评价与定性评价这两种方法均不可少。

评价一项智库研究成果的影响力大小，首先应当看这一成果对政府、市场和社会产生了多大的“可供量化”和“可资比较”影响，如获得过多少中央及省部级领导人的肯定性批示，又有多少研究成果进入过中央或省部级党政决策等。从某种程度上而言，被领导批示次数越多、批示层次越高以及被采纳进入决策次数越多、决策层次越高的智库成果，就越是优秀的智库成果。

评价一项智库研究成果的影响力，还要看智库专业研究人员的认可程度，也就是“内行评价”如何。一般而言，得到同行评价程度越高的智库成果，就越是优秀的智库成果。总之，对任何一项智库研究成果进行评价时，我们既要看显在的、可以数量化的指标，如研究成果被批示、采纳以及发表的情况；也要看潜在的、难以指标化的社会影响与业内评价，坚持定量评价与定性评价相结合。[①]

智库成果产出不仅要有数量上的量化评价，还要注重成果本身的质量。我国智库成果产出的格局是数量多、高质量成果少，提高研究成果质量是中国特色新型智库建设的着力点。智库成果更要注重内涵，要在提高学术质量上下功夫。

如何将智库产出转化为政策，使研究成果受到关注并转化为政策是智库成果产出质量面临的关键。如果智库咨询成果没有实现转化、被束之高阁，那就没有实现的价值。成果转化是我国智库发展薄弱环节。因此，智库的研究成果要具备可操作性，应当可以落地，转化为可执行的政策，且在制度设计上具有合理性，要推进智库咨询成果转化为公共政策、公共决策。

独立性是智库的核心属性。由于智库缺乏组织和财政上的独立性，导致智库从为党政机关决策咨询提供智力支持，转变为党政机关的政策阐释者。欧美国家实践证明，开展高水平的决策咨询，最为关键的是保持智库自身观点的相对独立，研究过程与结论不受政府和相关利益集团的影响，确保其政策建议和观点的客观性。由于长期以来受计划经济体制的影响，我国对智库的管理比较滞后，独立性也比较差，这也正是我国智库发展水平相对较低的主要原因之一。由于中国特殊的国情，智库在中国做到完全独立很困难，但是保持相对独立及实现成果的相对独立性是智库成果建设的重要方向。

在独立性基础上，形成高水平、高质量的创新研究成果，尤其是对国家发展起重要作用的长期战略、思想和主张是中国智库建设的重要任务。中国不缺一般的对策研究，也不缺对短期问题的研究，缺的是对国家未来发展起指导价值的研究、思想和战略。当年，兰德公司

① 何绍辉：《智库研究成果评价要做好“三个结合”》，《中国社会科学报》2014 年 12 月 17 日。

给美国政府提出用冷战的方式与苏联进行对抗，从而为美国赢得冷战奠定了基础。毛泽东也提出过“三个世界”的国际关系主张，在当时的情况下，为中国1972年恢复联合国合法席位起了很大作用。当前，中国在对外关系方面倡导“和谐世界”，这一主张直接来自于中央党校原常务副校长、中国改革开放论坛原理事长郑必坚提出的“和平崛起”理论。在咨询成果质量评价上，既要看成果直接转化为决策的方面，又要重视成果的独立性和创新性。

二、智库成果创新性

当前，重“阐释”、轻“创新”是智库研究成果存在的普遍问题。智库研究本应具备前瞻性，然而在当下体制背景下，公共政策决策咨询却成为了专家们的“秀场”，专家学者为证明政府决策的科学性与合理性搜索枯肠，从而导致政策咨询的“空洞化”和“符号化”。在我国，有许多智库只能归类为阐释性智库，算不上创新性智库。官方智库依托其优势，满足于对政策的解读，研究问题缺少尖端性与前沿性；高校智库的专家学者习惯在“象牙塔”里做研究，缺少调查研究，在决策咨询的针对性和可操作性上存在不足；社会智库则由于其资源较少，限制了其研究，这都在一定程度上遏制了我国智库创新性的成长空间。

专栏：美国兰德公司“兰德医疗保险实验”与智库创新能力①

医疗保险是健康人群与非健康人群之间或健康时与病患时对病患风险的分摊机制，它的直接功能在于保障人们在患病时对医疗卫生服务利用的财务可及性。由于医疗服务利用是为了获得健康，所以医疗

① 参见王杨：《中国智库：软实力不能光靠数量》，人民论坛 http：//www.rmlt.com.cn/2014/0211/228429_2.shtml.

保险的最终目的是维护和提高个人健康水平。

近年来，医疗保险全民覆盖是包括中国、美国在内的世界各国（大国）医改主要推进的卫生政策，但该政策的实行往往耗资巨大，如中国新医改规划政府（2009—2011 年）每年投入约 1300 亿元（国务院深化医药卫生体制改革领导小组办公室，2009；中国国务院，2009），而美国政府更是预计在未来 10 年每年投入近 940 亿美元（United States Congress，2010）。这样巨额的支出能否提高人们的健康水平成为全球经济学家们争论的焦点。

美国兰德公司在 20 世纪 80 年代进行的“兰德医疗保险实验”。这个实验在 1974—1982 年间持续了 8 年，耗资 8300 万美元。目的就是为了设计最为合理的医保方案。因为在当时，病人在医保上应不应该、应该有多少的自费比重已经引发了旷日持久的争论，一方面，涉及公共财政的浪费问题；另一方面，又涉及病人健康问题。所以美国政府委托兰德进行了实验。为此，兰德公司还成立了一个专门的小型保险公司。最后，兰德公司历时 8 年的实验结果是，部分自付的保险方案能够显著降低卫生服务使用和卫生花费，但和被保险者的健康状况关系不大。这个实验至今被认为是社会保险问题上最为著名、影响最大的一个实验。许多公共保险政策的制定都参考了它。

一个好的智库研究成果，其实和药厂研发新药是一样的，要理论、要实验、要数据、要创新，兰德公司这个保险实验一点不比著名的“大规模随机双盲实验”轻松。最后生产出来的“药”也可以运用很久。

三、智库成果可应用性

智库思想产品和研究成果转化难是眼下我国智库建设中存在的普遍问题，突出表现在以下两点：一是研究成果转化率低，当前研究中许多前沿具有创新性的成果，仅仅停留在专家的报告中，理论脱离了实践；二是研究成果转化缓慢低效，相当多研究成果具有时效性，但

随着时间的推移得不到应用，其价值被大打折扣。

中国智库的研究成果缺乏国际影响力，主要表现在以下几个方面：第一，未在一些在国际上有地位或与我国关系密切的国家设置海外分支机构。因此，对这些国家的国情了解比较有限，尤其是对那些与我国有重要利益往来，但其国内形势又不太稳定的国家。缺乏了解与跟踪，使得我国在应对剧烈动荡全球格局方面显得比较被动，更严重时甚至出现短期的政策支撑空白。第二，中国智库实力尚不足以影响他国的政策。中国智库不擅长构建全球对话领衔平台，与他国政要名流交流沟通的知名学者也比较稀缺。第三，中国智库在塑造全球话语方面略显稚嫩，无法主动引导国际主流舆论，也无法设置重大国际议程，创造出的引导多国积极讨论的有影响力的战略名词或学术理念也比较少。第四，中国智库缺乏向国际组织输送本国人才的意识，这导致我国积极参与国际交往的人员储备不足，离西方国家智库形成的“智库—政府—国际组织—智库”式的人才流动机制相去甚远。智库成了“零售商店”，有些思想产品长期“卖”不出去，智库的成果转化能力较为薄弱。

第十一章　智库成果传播能力

一、成果推介传播意识

由于历史原因，我国智库不注重研究成果的推介传播，其成果推销的理念以及手段均比较落后。在知识经济时代，如何促进智库知识的生产、传播和转移应用已成为世界各国学术界、产业界关心的重要问题。目前在我国智库科研活动主要还是以申报项目、开展研究、报奖、鉴定为主，科研成果的主要表现为成果鉴定、各级获奖、专利，而不是以最终形成产品、商品来认定和评价，难以促使智库科研活动更好地联系实际。这种评价体系实际上重视了智库科研成果的“技术价值”，忽略了“市场价值”。智库研究领域十分广泛，涉及和影响人们社会与经济生活的方方面面。而在成果转化方面，智库研究成果转化不如自然科学和技术等硬成果转化的多。大量智库研究成果，仅仅作为样品而束之高阁，没能充分发挥其应有的社会效益与经济效益。无论产出有多大，现代智库必须具备将产出转化为经济社会效益的成果转化能力。智库成果之所以常常出现实际影响力不足的现象，与以下几个因素有关：

1. 与国内学者对智库的认识有关系

国内学者普遍认为智库的天职是为决策咨询做好研究，在关键时刻能够拿出高品质的决策咨询方案，往往忽略了智库的对外品牌宣传、话语传播交流、国际交往沟通。这导致中国智库不愿意主动加入到国际交往中来，缺乏国际化发展的顶层设计，也未能在全球智库界发挥影响力。

2. 与人才任用有关系

在人才任用上，为了保证学术研究质量，中国智库更倾向于任用学术精英。大数据时代信息的高速传播以及国际交流的普遍增加，智库的发展只靠学术专家学者是不够的，大量的综合性人才必须加入进来，特别是那些兼具科研水平、全球视野、成果推广的复合型人才。中国参与全球思想博弈的人才梯队远远没有形成。

3. 与智库擅长直接影响决策，不注重影响决策参与者有关

中国智库一般会花更多的心思直接去影响决策者。这种思想受中国传统幕僚的影响。在我国，幕僚依附于决策者，只服务于决策者一人。另外，中国智库在发挥决策影响力时往往专注于提出政策方案和建议，对于政策出台后的实施效果，也就是政策评估，往往缺乏关注。国外的智库不但注重提出多套决策方案，并且注重对政策执行结果提出批评，并且提出改进方案，这一点中国智库还存在较大差距。即便是做类似评价的工作，中国智库也只是提供理论解释与宣传，而不是去客观评价公共政策。

另外，不注重智库成果的推介传播，也会导致公众影响力缺失。当今社会影响决策的因素很多，已经形成了多方参与的态势。随着社会的发展、公众知情权的保障，公众越来越多的参与到决策中。研究公共决策中公民参与问题的学者也日益增多。因此智库大可通过影响公众来影响公共政策。如果从影响途径来说，智库一方面可以本着客观、公正的立场做好政策评论，引导公众舆论；另一方面智库可以与公众密切互动，在研究中反映公众的诉求。但我国智库在做政策评论时，往往不够客观。由于选题机制，也不会主动倾听公众诉求，使得社会大众的声音难以进入决策程序从而影响了智库公众影响力的发挥。

公众影响力缺失的关键，是媒体影响力不足。智库舆论影响力的发挥少不了媒体传播作用的发挥。但是我国智库很少主动联系媒体，主动将研究成果进行公开。这一方面与智库领导对媒体的重视程度有

关系，另一方面源于智库缺乏与媒体沟通的专业人才和经验。从而导致智库成果传播形式单一。我国智库向来注重人际传播，擅长运用专家学者个人的声誉、人际关系，直接影响决策者。但在官方背景下，这种非公开的方式饱受诟病。近年来随着智库影响力的增大，我国智库也开始举办各种范围内的会议，注重国内国际影响力的发挥。但相较于西方国家办会的规模和频率，还存在很大的差距。大众传播媒介的纸媒介是智库成果传播的传统方式，我国智库历来有给国家领导人写内参的传统，另外学者也会通过期刊、报纸发表研究成果，但是其对电子媒介、网络媒介的利用不足。大部分中国智库没有网站，不懂如何运用新媒体，更谈不上影响力的发挥。有西方学者如是评价中国智库：中国智库最大的问题是它们的孤立性，很多中国智库的运营像黑洞——没有网站、联系方式、个人档案。①

二、智库成果“营销”途径

智库要想扩大知名度，发挥其影响力，必须要有一套高效的传播资源。纵观国内外智库建设实践，各智库因其拥有的传播资源不同，往往各展其能，但主要方式不外以下几种：

一是发行出版物的资源。发行出版物是智库扩大影响的主要方式。智库的出版物又有多种类别：（1）期刊。例如：卡内基国际和平基金会的《外交政策》、战略与国际研究中心的《华盛顿季刊》、布鲁金斯研究所的《布鲁金斯评论》等，都颇有影响。（2）书籍。其中有个人的著述，也有集体的著述，后者往往是为期数年研究项目的最终结果。（3）研究报告。通常将重大、紧迫性政策性问题的研究结果写成报告广为传播，当然首先是对政府及其官员施加影响。（4）快报。以比较快捷的手段就当前重要政策问题发表本智库的见解，引导公众和舆论。（5）年度报告。总结和展示一年来本智库各方面的工作、活动和财务

---

① 参见王莉丽：《构建“多中心”“全方位”国际传播体系》，《对外传播》2012 年第 3 期。

收支情况等。也有两年发布一次的。

二是组织和召开讨论会资源。每个智库都会无一例外地举办有各界人士参与的各种研讨会、纪念会等。这些活动既宣传本机构的政策主张，同时也能吸纳与会者的聪明才智从而形成主导性意见和建议，然后形成会议报告，有的还能进一步出版图书。

三是与媒体建立联系的资源。通过媒体发表观点和评论是智库发挥影响力的极重要途径。20 世纪 70 年代中期，美国保守派智囊感到在大众传媒中没有得到充分的发言机会，于是企业研究所在主席比尔·巴鲁迪的领导下开始策划通过媒体向公众推销他们的思想。巴鲁迪开创了关于政策问题的电视评论和报刊专栏。一些智库的研究者经常接受媒体采访发表评论，或在电视上频频露面，有的还成为报纸的专栏作者。思想倾向相近的智库和媒体有的还形成了机制化的网络。传统基金会与《华盛顿时报》关系密切，前者的活动和观点常常得到后者的报道，前者反过来又把有关报道广为散发，加以宣传。①

西方智库比较注重智库的成果推销能力，智库经费相当大的比例都用在对智库的宣传、对成果的推销上。而我国在这方面做得就不够。但是我国智库应该看到，这是建立在思想的创新基础上的。过度的媒体曝光会使得智库学者们花费过多精力在政策评论而不是政策研究上，不利于智库思想的创新。近年来，这种过度商业化的趋势在欧美智库中愈演愈烈，这其中固然有值得我国智库学习的地方，但切莫只注重“形式建设”而忽略智库“内容建设”。具体而言，我国智库要加强智库成果传播推介能力，应在以下几个方面着力：

第一，应宽视野进行成果推销，注重智库国际影响力的发挥。智库的作用之一就是开展“公共外交”。② 当存在敏感问题时，智库发挥“缓冲带”或“试探气球”的作用，使国家之间的交往更具有弹性和灵活性。为增强智库的全球影响力，前文已经论述了要选拔具有国际经

① 参见王生林：《略谈国家科学思想库建设及其科学思想传播》，《中国科学院院刊》2006 年第 8 期。

② 参见王莉丽：《美国公共外交中智库的功能与角色》，《现代国际关系》2012 年第 1 期。

验的人员，加强学者访问交流，选题要具有全球意识等观点。除此之外，智库还要走出去，在与本国有密切关系的国家设置分支机构，加强对全球问题的了解与掌控。另外，还应注重构建全球对话领衔平台，如通过 G20 峰会，加强与国外政要名流对话。要主动构建国际主流舆论与设置重大国际议程，形成干预全球的话语塑造力。智库要善于向国际组织输送人才，参与重大国际交流。中国领导人要重视智库发展，善于在智库大平台下发表与国际相关的主题演讲，借国际媒体的曝光率，提升中国智库的地位。

第二，应全方位进行成果推销，注重影响决策参与者。随着社会的发展，决策参与越来越多元化。智库的主要作用不仅仅是咨政，更大的价值在于启智——培养公众参与公共政策的能力。智库可就民生问题进行调研，倾听民意，做到下情上达，同时将自己的研究成果从选题、中期考核到结项在网站上发布，也可以将研究成果编辑成册，对公众免费发放。媒体也是决策参与的重要一环。智库可以通过媒体，发表有关国内、国际问题和政策的文章或评论，影响舆论并且引导舆论。美国智库就非常支持智库的研究员在媒体上发表演说，提升智库舆论影响力。有些智库在各大报刊上开设专栏解读政策，并且在网站上及时刊登智库研究员在各大媒体上的观点和媒体报道。在某一问题形成政策之前，智库也可以在媒体上公开发表观点，引导政策走向。

第三，应多种形式进行成果推销。首先，高效率利用纸媒。纸介质出版物具有保存时间长的优势，其影响最为久远。智库可就热点问题出版期刊，但要注意改进研究成果的表达方式、写作方式，使得它更容易被领导人和大众所接受。其次，利用好网络媒介。网络媒介的特点是信息传播的迅速以及互动性。全球化浪潮使得网络媒介成为美国智库众多传播方式中的新宠，这也是美国智库全球战略中的重要环节。通过网络媒体，全球网络用户都可以了解智库的思想。再次，利用好电子媒介。广播、电视等电子媒介，可以在舆论的形成中产生放大和引导效果。最后，扩大智库会议的影响力。邀请政要名流参与智库会议，与媒体建立联系，扩大影响力。

第十二章　若干类别智库能力评价案例分析

本章根据智库能力评价理论，结合我国智库建设实际，就若干类型智库进行案例分析，在探讨其智库建设现状、优势、存在问题的基础上，提出一些提升智库能力的思路。

一、党校（行政学院）系统智库能力建设

党校、行政学院既是党委、政府直接领导下培训干部的学校，又是哲学社会科学研究机构，还是党委、政府决策咨询的“思想库”“智囊团”。这就形成了新时期党校、行政学院教学、科研和咨政“三位一体”的工作新格局。《中国共产党党校工作条例》明确要求各级党委要“发挥党校在党委和政府决策中的思想库作用”；而国务院《行政学院工作条例》中则明确规定：“行政学院应当围绕党委和政府工作部署，跟踪国际国内形势变化，开展决策咨询研究工作。”智库建设是“两个条例”赋予党校、行政院校的法定职能，必须依照党内法规和行政法规精神加以认真贯彻执行。

（一）党校、行政学院智库的特点

党校、行政学院作为研究机构和智库与国外的智库相比，有着自

己鲜明的特色[①]。

第一，具有明显的政治色彩。党校姓党决定党校必须坚决贯彻党的基本理论、基本路线、基本纲领、基本经验，在思想上、政治上和行动上与党中央保持高度一致。一般而言，西方国家的智库标榜独立性，尤其是政治意识形态上的独立性，将非党派性视为重要特征。而事实并不尽然。实际上，西方智库政治意识形态的独立性越来越趋于淡化，甚至连传统基金会、凯托研究所、兰德公司等智库也有着浓烈的政治意识形态色彩[②]。党校姓党原则决定了党校作为研究机构和智库与一般的，特别是国外的智库在定位上有很大的不同——是姓党的研究机构、姓党的智库。这个“姓党”主要体现为：要坚决贯彻党的基本理论、基本路线、基本纲领、基本经验；要在思想上、政治上和行动上与党中央保持高度一致；要围绕党和国家工作大局和中心任务开展科学研究；要坚持党性原则、恪守党的政治纪律、牢牢把握理论研究的正确方向。胡锦涛同志在全国党校工作会议上强调指出：“党校是党直接兴办的学校，必须以党的旗帜为旗帜、以党的意志为意志。不管形势和任务怎样变化，党校姓党的原则绝不能变，忠诚于党的立场绝不能变。”习近平同志在中央党校2008年秋季学期第二批进修班开学典礼上的讲话中指出：“党校姓党历来是党校教育的第一原则”，“党校工作只有坚持党校姓党原则，按照党校教育规律办学，才能确保正确的前进方向，才能发挥应有的作用。”

这一定位贯穿到党校智库建设，就要把握好政治上的大局观念与解放思想的关系；学术上的自由探索与政治纪律的关系；选题上的组织需求与个人兴趣的关系。无疑，作为党的研究机构和智库坚持党校姓党原则，要处理好同党中央保持高度一致与解放思想、发扬民主的关系，学术研究与理论宣传的关系，言论自由与政治纪律的关系。正

① 参见黄雄彪：《咨政视阈中的党校思想库建设》，《中共福建省委党校学报》2012年第5期。

② 参见张伯里：《党校如何发挥好科研机构和思想库作用》，《中国党政干部论坛》2009年第2期。

确贯彻“双百方针”，坚持解放思想、实事求是、与时俱进，坚持科学严谨的学术规范，鼓励积极探索、大胆创新。

第二，党校、行政学院是体制内事业单位，其智库具有官办性质。与西方众多的社会智库不同，我国现有的智库归属体制内居多，而党校、行政学院则明显有着官方标识。它的运作不可回避地需要处理好三对矛盾：一是体制内的便捷优势与研究模式固化的矛盾。官方智库有着政令畅通、运作顺畅、保障有力等特点，但也易于出现重政策维护和解释，轻对策研究，既当裁判员又当运动员，自己搭台、自己唱戏、自己叫好的同一模式。二是领导权威与研究独立的矛盾。决策中枢的不当影响力往往挤压独立思考，可能出现研究成果异化为只向上传递而不会向下传递的烟囱效应。三是课题立项的组织指定与自主选择的矛盾，过多自上而下的课题任务必然消弭自主选择空间，也会导致咨政竞争能力低下。

第三，党校、行政学院是学校，智库具有与教学科研一体化的属性。党校、行政学院并非单纯的咨政机构，教学与科研是党校驱动之两轮。但这并不等于说智库建设无所依附，相反，如果处理得当，坚持从教学、科研、智库一体化这一整体联系的角度去处理好教学中心与科研基础、理论研究与应用研究、学员研究与教师研究的关系，教学、科研、咨询完全可以相互促动，相兼相济，进而形成党校、行政学院智库的优势和特色。

（二）党校、行政学院参与决策咨询的模式

党校、行政学院作为党政决策智囊的一个重要组成部分，通过各种渠道和方式为党政部门在不同层次、不同决策阶段和决策环节服务，并在实践中形成有自己特色的咨政模式。

第一，参与政策研制。就是参与党政文件、有关政策的讨论、起草和论证等工作，这是党校、行政学院智库产品输出的高端形式，它要求党校、行政学院智库具有足够的影响力、参与者具备较高的智力资本和咨政经验，才有可能引起决策层的重视而有机会直接参与政策

研讨和设计、提交调研成果，围绕党委、政府的中心工作开展社会调查研究，在此基础上为决策者输送社情民意、问题分析、执行反馈、对策建议等调研报告。这是党校、行政学院智库可行而重要的咨政服务方式。

第二，输送学员政见。组织党校、行政学院学员论坛和社会调查，引导学员开展专题对策讨论与研究，在培养学员理论联系实际的能力的同时，从中整理提炼有价值的观点，传送相关领导或部门作决策参考。

第三，课堂传播理念。党校、行政学院的学员主要是来自各地各部门的党政领导干部，是政策的制定者和执行者。党校、行政学院智库通过讲坛传播思想的功能，向这些特殊受众传递党校智库在理论前沿、发展战略、政策设计、发展规划、问题对策、执政理念等方面的研究成果，也是党校、行政学院智库咨政的另一便捷通道。

（三）党校、行政学院智库建设的主要问题

目前党校、行政学院智库特别是省级党校、行政学院以下党校、行政学院智库作用发挥并不尽如人意，其中固然有外部原因，如一些党政领导习惯于随意决断、不听取智库专家的意见和建议，对智库的认识也较多地局限于信息的采选、政策的捍卫和理念传播范畴。但党校、行政学院智库实力不强、作用不大的状况从根本上还应归因于自身问题：

第一，重教轻研，咨政意识不高。根据教学科研布局，党校、行政学院可分为研究型、教学研究型和教学型。省级以下的党校、行政学院较多偏向教学。这类型的党校、行政学院对教学为中心、科研为基础往往误读为硬任务与软任务，既对教学与科研的逻辑关系与互动性缺乏辩证的理解，也对科研与咨政、学术研究与应用研究的功能契合存有不充分认识，容易演化为现实中教而少研、研而不咨的偏差。从目前的情况看，市县党校、行政学院的干部培训、科研工作开展要充分一些，已经进入规范化、制度化轨道，而咨政工作则刚刚起步，

很多工作尚处于摸索阶段；咨政制度建设、考评体系、咨政项目库设立、咨政渠道畅通和成果转化等，都没有定型，咨政与科研、教学三者之间的关系也没有理顺①。

第二，智库精品匮乏，咨政影响不大。质量是智库的命脉。多数省以下的党校、行政学院智库之所以还不受重视，在决策咨询领域未能拥有应有的知名度和权威性，这与其科研取向、学科支持和研究的方法技术等诸多因素欠缺而难以产出高质量咨政成果密切相关。尤其是，市县党校、行政学院已经产生的咨政成果不仅数量不多，而且精品力作非常少，很少进入决策者视野，更无法影响地方公共政策的制定，咨政工作也就引不起党委、政府的重视。

第三，知行脱节，咨政能力不强。理论源于实践，同时又反过来指导和服务实践。党校、行政学院咨政科研客观存在的经验式研究与缺乏学科支撑的单纯对策研究两种偏向，都不同程度地弱化或虚化咨政成果的运用价值。体制内同构观念与安逸给养、干部教育培训惯用的论证注释所形成的思维定式，使得党校、行政学院咨政容易出现研究项目等待决策方定题、对策建议偏好决策方定调的固化倾向，容易造成三少三多偏差，即：主动寻找问题少，接受指令多；建设性对策少，迎合口味多；前瞻探索少，滞后研究多。

第四，职称主导体制下，智库建设的体制机制不活。党校、行政学院教研人员的科研驱动更多地来自职称评聘，在发表论文与提交决策的行为取向中更多倾向前者，因为提交决策参考的应用性研究成果不易甚至不能用于发表，咨政成效未能纳入现有的职称评审指标体系，也缺乏其他有效激励措施。一部分市县党校、行政学院不愿主动开展咨政活动，一怕出不了高质量的成果，二怕成果得不到转化和应用，出力不讨好，存在较重的思想顾虑和畏难情绪，因而咨政的主动性、

① 参见许察金：《市县党校“思想库”建设存在的问题及对策分析》，《克拉玛依学刊》2013年第1期。

服务性就没能很好地显示出来①。

（四）加强党校、行政学院智库建设的对策

第一，在科研创新中推进决策咨询，打造党政部门“信得过、用得上、离不开”的智库。坚持以重大现实问题为科研的主攻方向，以咨询为导向，着力推进决策智库建设。决策咨询智库的阵地需要科研，你没有自己的科研成果，别人咨询什么呢？充分发挥科研咨询工作的政治导向功能、理论引领功能和决策支持功能，以提高科研质量为核心。党校、行政学院的地位和职能，决定了党校、行政学院的科研应该是开放式、社会化的科研。党校、行政学院科研，必须打开校门、融入到社会大课堂中，切忌闭门造车、孤军奋战。构建科研格局机制创新，必须走校内与校外结合的路子。党校、行政学院教师积极参与社会上的各类学术活动和理论研讨活动，与各部门的理论工作者、实践工作者共同切磋学问，探讨问题。不仅要加强内部教研人员之间、教师与学员之间的协作，还要加强与高等院校、科研机构、实际工作部门、企业之间的协作，科研协作是现代科学研究工作的一个趋势，可以极大地提高科研工作效能。科研内容要有新意，不能老“炒冷饭”，要在理论归纳概括方面力求站在理论前沿，有新成果、新观点、新见解；也要在指导现实工作中解决新情况、新问题，从而达到“求活”作用，不论科研的内容和形式上都不拘一格，灵活多样，只有科研的创新，才能有效发挥咨询作用②。

第二，完善党校、行政学院智库建设相关机制，为决策咨询提供保障。要完善党校、行政学院科研咨询工作必须建立必要的组织机构作为科研咨询的载体，以开放的体制和灵活的机制，紧贴改革开放和现代化发展过程中的热点、难点问题，紧跟各级党委、政府的工作重心和目标要求，以项目为枢纽，有效整合校内外科研资源，通力协作

① 参见许察金：《市县党校“思想库”建设存在的问题及对策分析》，《克拉玛依学刊》2013 年第 1 期。

② 参见韦灵玫：《发挥党校思想库作用若干问题的思考》，《桂海论丛》2010 年第 1 期。

进行项目科研课题攻关，以优质高效的团队优势，全力做好咨政工作。党校、行政学院科研要发挥好研究机构、思想库的作用，需要有一个完善的体制机制作保障。建立和完善“全方位开放的科研体制和以科研项目为枢纽的科研管理体制”。党校、行政学院更应从实际出发，建立完善促进科研发展的有力保障机制，修订完善科研工作制度、科研考核制度和科研奖励制度，实现科研工作的制度化管理，保证科研工作的顺利开展，从而为科研的发展提供了政策上的保障。党校、行政学院科研咨询工作要抓住科研项目这个核心，发挥好项目在科研工作中的枢纽和导向作用，辐射带动党校、行政学院科研工作的各个环节。通过加强围绕课题项目管理的制度创新和机制创新，带动形成含有各主要科研工作环节并有机结合的管理体制、机制；围绕着课题项目这个枢纽展开主要科研工作——整合科研力量、促进科研协作、投放科研经费、加强科研激励、带动理论研讨、扩大学术影响、支持学科建设、培养和锻炼科研队伍等，以此提高党校、行政学院科研咨询工作的作用。加强科研管理重点抓好重大研究项目的立项、执行和成果管理工作，提高科研工作的质量和效率，充分发挥科研工作成果的决策服务功能。同时要建立完善科研管理制度，使党校、行政学院科研工作走上规范化、系统化、制度化的轨道①。

第三，加强队伍建设，提升智库人员素质。党校、行政学院能不能充分发挥智库和智囊团作用，更好地为地方党委和政府的决策服务，关键取决于其是否拥有一支科研能力、科研水平、科研素质过硬的科研队伍。这就要求党校、行政学院科研人员要热爱党校、行政学院教育事业，自觉遵守党的政治纪律，始终同党中央保持一致。要有扎实的马克思主义理论功底，熟悉党的路线、方针、政策，专业知识丰富，勇于进行理论创新，具有探索、研究重大理论和现实问题的能力。要注重调查研究，理论联系实际，善于总结实践经验，通过深入调查研究、研讨交流、课题协作促进成果精品化。要在营造科研氛围上下功

① 参见韦灵玫：《发挥党校思想库作用若干问题的思考》，《桂海论丛》2010 年第 1 期。

夫，通过创造优厚的科研条件和宽松的科研氛围吸引人才，打造内外联合的能够针对前沿问题出精品的科研队伍。要积极开展全方位多层次的培养活动，组织骨干教师外出进修学习，时刻把握理论的前沿动态，全面提升科研队伍的创新能力①。

第四，理顺教学科研关系，提升咨询服务水平。科研要为教学服务，这是正确处理教学和科研关系的基本原则。教学是中心，科研是基础，二者之间是相辅相成、互相促进的关系，没有一流的科研也就不可能有一流的教学。只有突出科研为党委、政府决策服务的要素，才能推动党校、行政学院教学、科研和决策咨询服务的有机统一，才能达到“教学出题目，科研做文章，成果进课堂、进决策服务”的工作目标。

加强调查研究，提升智库产品质量。调查研究是必不可少的关键环节，这是由决策的实践属性所决定的。调查研究既是我们党历来倡导的工作方法和工作作风，也是党校、行政学院科研的重要组成部分。坚持求真务实的优良学风，不做表面文章，深入社会、深入基层，从中提出问题、发现问题，掌握第一手材料，用事实说话，力求提出的对策和建议有较强的针对性和可操作性。

第五，推进党校、行政学院智库成果转化。党校、行政学院思想库要提升成果转化函数的值域，除了质量先行外，当前应着力扩大转化环节这个变量，找准切入点，广开渠道、广辟载体、主动“营销”。从咨询的参与方式看，可分为直接参与和间接参与。直接参与是党校、行政学院思想库成果转化率最高的一种影响决策方式。党校、行政学院思想库要积极争取直接参与党委、政府及所属决策部门的报告撰写、文件起草、课题调研、规划项目和决策论证。这种方式需要党校、行政学院思想库有较高的知名度和影响力，需要能量的积蓄，当然也需要努力争取地方党委、政府给予更多的机会。间接参与是党校、行政学院思想库成果转化不可或缺的部分。一方面，要主动建立与党政研

① 参见韦灵玫：《发挥党校思想库作用若干问题的思考》，《桂海论丛》2010年第1期。

究部门的协作关系。另一方面，要利用教学平台，致力构建多样化的党校、行政学院思想库成果表达和推介方式。应该充分利用学员群体这一特殊资源推动思想库成果的转化，及时向学员推介咨询思想，让学员带走咨询成果。

二、社科院系统智库能力建设

中国社会科学院及各地方社会科学院，是我国哲学社会科学研究的学术机构和综合研究中心，承担着国家及地方经济与社会发展中许多重要理论问题和实际问题的研究任务。作为我国智库的重要组成部分，社科院深入研究经济社会发展中的重大问题，为中央及地方政府的科学决策提供理论支撑。不同层级的社科院，其角色定位也有所区别。成立于 1977 年的中国社会科学院，是国家级哲学社会科学专门研究机构，每年都推出一大批应用对策研究成果，为党和国家科学决策服务。地方社科院主要定位于“围绕本地区经济社会发展的实际开展应用对策研究，有条件的可开展有地方特色和区域优势的基础理论研究”。

（一）社科院系统智库建设现状和优势

中国社会科学院系统包括中国社会科学院（CASS）以及全国 31 个省级单位（省、自治区和直辖市）、15 个副省级城市以及其他部分城市的社会科学院。根据本研究对各层级社会科学院网站所公布的研究人员的数字估算，除中国社会科学院约 3200 名研究人员外，31 个省级单位社会科学院研究人员配备约 5000 人，市级（包括副省级城市）1000 人，其他城市的社会科学院约 600 人，总数接近 10000 人。随着地方社会经济的发展，各地方社会科学院的政策研究职能越来越强，许多地方的社会科学院成为地方政府不可或缺的参谋助手①。

① 参见王绍光、樊鹏：《中国政策研究机构的基本情况》，《中国式共识型决策：“开门”与“磨合”》，中国人民大学出版社 2013 年版。

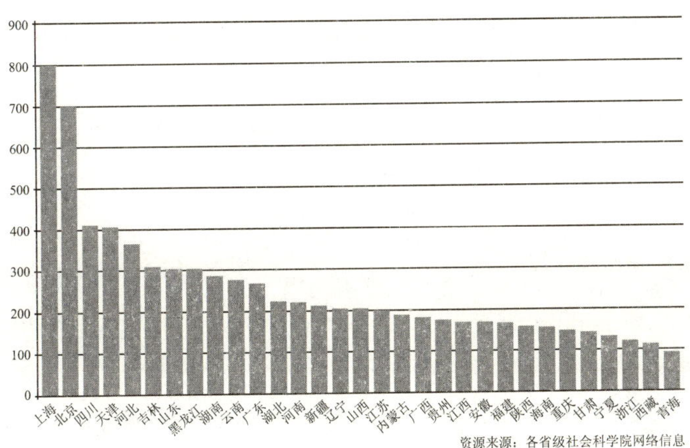

图 12—1　各省级社会科学院研究人员数量①

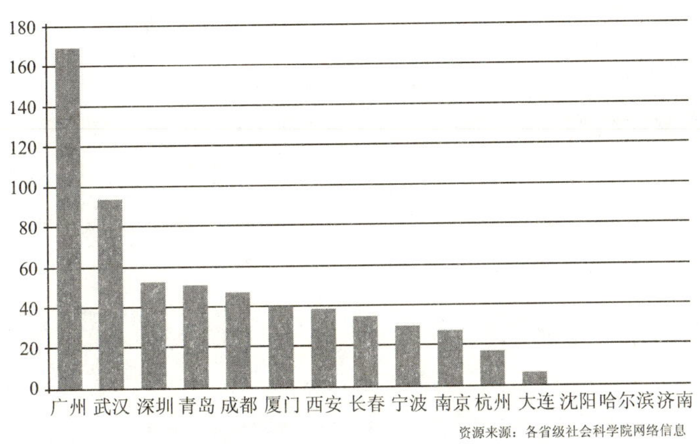

图 12—2　15 个副省级城市社会科学院人员数量②

① 王绍光、樊鹏：《中国政策研究机构的基本情况》，《中国式共识型决策："开门"与"磨合"》，中国人民大学出版社 2013 年版。

② 王绍光、樊鹏：《中国政策研究机构的基本情况》，《中国式共识型决策："开门"与"磨合"》，中国人民大学出版社 2013 年版。

在建设新型智库方面，社科院与高校和党政研究机构相比有着得天独厚的优势①：高校的主要任务是培养人才，优势是基础理论研究和学科体系建设，与党政部门和社会实践工作较为疏远；党政研究机构处在工作一线，需要处理大量应急性事务，讲究短平快，既没有大量时间从事细致研究，也严重缺乏独立性。而社科院一是时间充裕，地位相对超脱；二是与党政部门和社会实际联系较为密切，可以借助长期以来的专业研究，对国家和本地经济社会发展中的突出和重大问题进行系统深入的前瞻性思考，在理论和实践的结合上提出有分量、有见解的政策建议。根据这种比较优势，经过近几年的探索实践，建构以应用对策研究为主攻方向，以具有本地区域优势的基础理论研究为支撑，应用研究与基础研究相互促进、相互支持的新型智库，已成为社会科学院系统的一种共识。

（二）社科院系统智库建设的主要问题

近年来，我国的智库建设取得了显著成绩，数量不断增加，规模日益扩大，在政府公共决策咨询领域的影响力与日俱增。尤其是社科院系统，对国家及地方政府公共决策产生了越来越重要的影响。但是作为我国智库的重要组成部分，社科院存在着不容忽视的问题，限制了其政府公共决策作用的发挥②。

1. 社科院图书馆数字化建设滞后，信息资源整合程度不高

科学决策是建立在大量的信息分析基础之上的，而获取信息的主要载体是文献信息和数据信息。社科院图书馆作为专业的信息服务机构，其职能是社会科学研究服务，为管理和决策提供理论支持，为经济建设提供信息支持，发挥着为各级领导提供决策咨询服务的重要作用。近几年，随着网络化的发展，各省市社科院图书馆普遍认识到图

① 参见李建军、崔树义：《论地方社科院向新型智库的转型》，《社会科学管理与评论》2011 年第 1 期。

② 参见李桢：《智库对我国政府公共决策的影响力研究——以社科院系统为例》，《情报资料工作》2012 年第 6 期。

书馆数字化建设的重要性，意识到信息资源整合是数字化发展的关键。随着国家对哲学社会科学研究事业的重视和经费投入的增加，各院图书馆的信息化建设发展迅速，基础设施明显改观，基本能够适应现代化图书馆发展的需要。但是总体来讲，目前全国社科院系统尚未形成统一的管理协调机制，社科院图书馆分别隶属于各省、市社科院，资料共享、信息互通机制不完善，在一定程度上制约了社科院作为智库对政策的影响力。为解决该问题，中国社科院文献信息中心虽然做了大量的基础工作，但由于双方不是隶属关系，加之没有制定一套完善的、严格的制度来贯彻执行，因此，地方社科院真正能够融入中国社科院文献信息中心系统的并不多。此外，虽然大部分图书馆已经意识到数字化建设的重要性，也在积极推进本馆的信息化建设，但是由于各图书馆只是根据自身的科研和学科建设来推进信息化，缺乏对整个社科院图书馆系统的整体需求和未来发展的思考，使得各馆之间信息化、数字化建设存在较大差异，尤其应用系统种类繁多，数据标准不统一、不规范。这些现象导致了各数据库之间兼容性、开放性较差，难以真正实现资源共建共享。

2. 智库建设的经费投入不足

近年来，随着经济发展以及各地财政收入的增长，地方政府对当地社科院的投入不断加大，但是相对于地方社科院发展来说，投入依然不足，一些必要的社会调查无法正常进行，直接影响到社会科学的深入研究和研究成果的质量。究其原因，一是地方社科院转向应用对策研究后的学科调整以及科研方式的转变提高了研究成本，加大了地方社科院办院经费的不足；二是与“思想库”“智囊团”的要求相比，现有投入只能保证运转和日常科研活动的开展，难以支撑学科建设、队伍建设、网络与数据库等基础设施建设。

3. 科研管理体制存在智库建设的弊端

合理、科学的科研管理体制是更好地为政府公共决策服务的重要基础。在大力推动科研转型的今天，各地方社科院科研管理体制规范性意识越来越强，积极探索科研规律，广泛探索科研管理体制改革，注重积累科研工作中比较成熟的政策措施，并通过建立文件、制定管理办法等形式加以规范，保障了各项科研活动有章可循。同时不断完善成果考核评价机制，建立和完善科学、有效、合理的科研激励机制和成果考核评价体系，调动了科研人员开展应用对策的积极性、主动性和创造性。但是当前社科院的科研管理体制仍存在一些不足之处，主要体现在应用对策研究成果的评估存在不确定性。一般而言，应用对策研究成果的评价标准是进入党委、政府决策。但是在实际操作中，进入决策标准却很难得到科学有效的衡量。标准的不确定加大了评价应用对策研究成果的难度，使得评价过程中存在不同程度的主观性、随意性。

（三）加强社科院系统智库建设的基本对策

1. 建立完善决策咨询数据库，提高社科院信息化水平

第一，加快图书馆数字化建设，加大社科院图书馆数字信息资源整合力度。信息资源是信息时代一种特殊资源，而共享性是其最大的特点。因此，必须加快图书馆的数字化建设，利用信息技术，使各院图书馆实现资源共享，最大限度地发挥社科院图书馆信息资源的保障作用。数字化图书馆具有信息资源数字化、信息组织非线性化、结构复杂化、信息传递网络化、服务方式多样化等特点。建设数字化图书馆，首先要强化组织协调机制，设置管理协调机构。以实现资源共享为目标，由协调机构根据各院图书馆信息网络建设的实际情况，加强对整个社科院系统数字化建设的统一规划和指导，制定规范、统一的数据库建设标准，有计划、分步骤逐步实现资源的整合。

第二，建立特色馆藏，注重专题数据库建设。特色馆藏具有其他馆藏不可比拟的优势，也是地方社科院图书馆数字化建设的关键。特色馆藏的数字化建设，可以显著提高特色馆藏的服务水平，为科研人员提供全方位、深层次的信息服务，提高科研工作的效率，对促进特色学科发展及对本地科学化决策发挥重要的支撑作用。因此，各院图书馆要根据自身优势、专业特点，加快特色馆藏建设，尽快建成有特

色的专业性和实用性数据库，加快信息化、数字化进程。为此，各院图书馆在本院图书馆数字化建设时，要始终坚持标准化、规范化、网络化原则，严格执行各种著录规则，加快跨库检索与资源互链的实现。

2. 创新科研管理体制，形成智库建设的制度激励

提高研究质量首先要创新课题研究方式，提升课题研究水平。地方社科院的科研成果不仅是对现行政策的阐释，更要成为地方社会经济发展方针、政策制定的理论依据和基础。因此，地方社科院应以政策研究为指导方向，关注本地区社会经济发展的热点、难点，及时立项，快速反应，集中优势科研力量进行研究，注重时效性，争取在较短时间内形成较高水平的研究成果，为地方决策提供理论依据和战略思路。其次要创新学术活动成果推广转化机制。社科院的科研成果只有应用于实践，才能体现科研成果价值，实现对地方政府决策的影响力。为此，要不断完善科研活动与党委、政府的联络沟通机制。通过多渠道、多形式，把有较强应用价值和现实意义的科研成果及时上报给领导决策层，为地方党委、政府科学决策提供基础，促进科研成果向实践转化，以更好地服务社会、满足需求。

3. 营造良好环境，吸引、留住、发展人才，培养优秀科研团队

科研团队建设是智库充分发挥作用的关键。建设一流的科研团队，离不开一流的人才资源。为此，社科院系统要努力营造吸引人才、培养人才的良好环境，培养一支富于创新意识和创新能力的优秀科研团队。建立高层次人才引进机制和多平台共享人才机制，汇集各方面人才，充分挖掘和吸引社科优秀人才资源。努力创造优秀人才脱颖而出的环境，发挥专家的传帮带作用和学术影响力，快速提升青年科研人员的素质，使其尽快成长。要加大科研骨干的培养力度，积极鼓励青年科研人员参与申报国家和省部级课题，发现并培养优秀的学科带头人，为新型智库建设提供坚实的人才储备①。

① 参见李桢：《智库对我国政府公共决策的影响力研究——以社科院系统为例》，《情报资料工作》2012年第6期。

三、高校智库能力建设

高校智库在20世纪80年代起步，在近年实现迅猛发展。高校智库由于具有丰富的人才支撑，可靠的资金保障和超脱的社会地位而成为一种特色的智库。在中国智库格局中占据了特殊地位。高校智库在政府决策中发挥重要影响。而在我国，相对于官方智库来说，高校智库对政府决策的贡献度很低，与我国高等教育和经济社会迅速发展的态势极不相称。随着我国社会转型进入关键时期，如何建设好高校智库，为党和国家科学决策提供强大理论支撑，已经成为重要时代课题。

（一）高校智库建设的地位和优势

大学智库是大学功能的拓展。美国加州大学伯克利分校的前校长克拉克在哈佛大学的一次演讲中提出：今日之大学主要的功能不止于教学与研究，并且已经扩展到服务。所以，现代大学已不仅仅是通过教学与研究活动来创造、保存和传播知识的最主要机制，而且还要通过贡献和应用这些知识来服务社会。那么大学智库存在的意义是什么？大学智库的优势又在哪里？①

1. 多学科人才聚集

当今世界正处于全球化和信息化时代，政策制定面临着日趋复杂的决策环境和互动日益频繁的问题领域，在这一背景下，高校学科门类齐全、高层次人才密集的优势就显得尤为突出。美国高校智库的很多研究课题就是由社会科学学者、科学家及工程师联合完成的，研究团队基本上都是跨学科配置。

大学是人才和知识最为集中的地方，许多大学学科门类齐全、学术基础扎实，尤其是大学智库所在的大学一般都为综合性、研究型大学，办学历史更为悠久，学术积淀更为深厚。无论是思想、政策、科

① 参见杨玉良：《大学智库的使命》，《复旦学报》（社会科学版）2012年第1期。

学与技术，还是综合性的应对方案，都可以在大学找到多学科的支撑。当今世界面临的传统的与非传统的议题，往往横跨自然科学、工程技术和人文社会科学多个学科，其复杂性和综合性较之以往大大增加，这使得任何单一学科在理解和分析地区与国家的复杂问题时，都会显得捉襟见肘。一个典型的例子就是全球气候变化问题，它不仅与环境、化学和能源等自然科学有直接的关系，而且和历史、国际政治、社会学、法律、新闻和公共卫生等诸多学科相关。因此，智库在研究这些问题时都非常依赖多学科的方法。这正好可以发挥出大学学科综合的优势。霍普金斯大学高级国际研究院有着像弗兰西斯·福山这样有重要影响的理论家。在这个大学智库里，各学科的交流就有力推动着多学科研究方法的应用与推广。我国高校聚集了80%以上的社科力量、近半数的两院院士，以及规模庞大的研究生本科生队伍，学科门类齐全，学术积累深厚，对外交流广泛，具备建设中国特色新型智库的良好条件和独特优势。

2. 深厚的理论积淀

学术研究是决策咨询的基础。高校教师多年从事学术研究，具备深厚的理论素养和扎实的学术功底。依托基础研究领域的优势，高校智库可以做长期研究，并且能够比官方智库和社会智库做得更长远深入，为政府决策的科学化提供了坚强有力的保障。

大学，有基础研究与应用研究相结合的理论优势。大学的基础学科和基础研究，可以为智库开展政策研究、战略研究提供丰厚的学术底蕴，大学要在扎实的学理研究的基础上，为国家和社会提供高水平的清澈的理性思想、解决重大问题的智慧和具有可操作性的政策。普林斯顿大学威尔逊公共与国际事务研究院是基础研究与重大战略研究相结合的一个典范，其主要特点在于，大学有着强大的基础学科专家队伍，在相关学科领域作出得到公认的突破性贡献，而雄厚的基础研究又与大学智库具有战略前瞻性的政策研究相互结合。一方面，依赖于大学内部相关学科扎实丰厚的基础研究，大学智库往往能够在重大战略发展方向上提供各种重要的见解和动议；另一方面，通过前沿问题研究，学者们又能在基础研究上、在重要理论问题的传统研究范式上取得突破①。

3. 较强的独立性

独立性是对智库的基本要求。高校智库由高校自主设立，即便智库被教育行政部门或其他政府部门冠以各级“重点研究基地”的名号，如：教育部批准确立的高校人文社会科学重点研究基地，各省、市、区政府批准确立的哲学社会科学重点研究基地、决策咨询研究基地等，虽然这些智库接受来自政府的经费资助，也接受其宏观指导和相关层面的微观管理，但它们与体制内的官方智库不同，它们与政府间不存在直接的行政隶属关系，研究活动较少地受到政府的干预和影响，成果更客观中立。

为党和政府提供高水平决策咨询服务，既是衡量高校综合创新能力和社会服务水平的重要标准，更是高校自身的职责所在、使命所系。近年来，高校紧密围绕国家需求，积极建言献策，一批优秀成果及时转化为政府决策和政策。2011—2013 年，高校社科界为党和政府及企事业单位提供咨询报告 26530 份，累计有 14043 份被采纳。高校法学专家参与了《中华人民共和国物权法》《中华人民共和国民事诉讼法》《中华人民共和国刑事诉讼法》等几乎所有重要法律的起草和修订工作。高校科技专家和研究机构为国家行业产业发展、科技战略规划提供了有力支持。教育部社科委、科技委、专业学会、研究中心向有关部门呈报了系列专家建议。2011 年以来，重点培育和建设了司法文明、南海问题、国家领土主权与海洋权益、两岸关系和平发展、中国特色社会主义经济建设、出土文献与古代文明、中国基础教育质量监测等一批服务国家重大需求的协同创新中心。同时，进一步深化高校人文社科重点研究基地管理方式和组织形式改革，推动基地总体上向问题研究导向转型，这些都为高校发挥智库作用、推进智库建设奠定了良好基础。

---

① 参见杨玉良：《大学智库的使命》，《复旦学报》（社会科学版）2012 年第 1 期。

（二）我国高校智库建设的现状和问题

总体上高校智库建设仍明显滞后，与国家经济社会发展需求相比还存在很大不足，有分量、有影响的智库很少，结构也不尽合理，每年提交的咨询报告对重大决策产生影响也较少。根本原因是问题意识不强、联系实际不足、改革力度不够。高校智库存在的主要问题表现为①：

1. 决策咨询研究成果少，转化率低

数据显示，近 5 年来，高校人文社科领域共发表论文约 158 万篇，出版著作约 15 万部，但向中央、国务院各部委和地方政府提供的咨询报告、政策建议仅 6 万余份，经中央领导同志批示或省部级以上部门采纳的仅千余份。由此可见，高校人文社科领域的研究成果以学术论文和著作为主，决策咨询研究成果相对较少，真正转化为政府决策的成果占比更小，高校智库服务经济社会发展的功能发挥得远远不够。

2. 相对于官方智库，缺乏影响力

在我国，官方智库一直是一枝独秀，高校智库不仅难以与官方智库抗衡，更缺乏国际影响力。美国宾夕法尼亚大学发布的《2012 年全球智库报告》显示，入围全球智库 50 强的我国智库全部是官方智库；在全球高校所属的 40 个最佳智库排名中，我国高校智库仅占两席，分别是排名第 12 位的清华—卡内基全球政策研究中心和第 25 位的北京大学国际战略研究中心（其中，清华—卡内基全球政策研究中心是清华大学与卡内基国际和平研究院合作共建的智库，严格意义上说，只能算半个中国智库），而名列其中的美国智库达 13 个，是中国智库数量的 6.5 倍。

3. 高校与政府联系不紧密，研与用脱节

高校与政府之间缺乏紧密联系，弊端之一是“供”“需”双方信息不对称，高校不了解政府需求，也不掌握第一手的信息数据，提供的

① 参见李伟：《关于高校智库建设的思考》，《科技资讯》2013 年第 27 期。

政策研究产品或者与政府的决策咨询需求不相吻合、或者属于利用价值较低的重复劳动成果、或者可操作性不强，都难以为政府所接纳；另一个弊端是缺乏即时的成果传递渠道，智库成果再好也难以送达决策者手中。

政府信息公开透明度不够，智库获取信息数据难。决策咨询研究必须以占有翔实的信息数据为基础，而我国政府信息公开透明度不够是不争的事实。《中国行政透明度观察报告（2011—2012）》显示：自我国实施政府信息公开条例以来，各级政府的信息公开工作不断进步，但主动公开的及时性、有效性、便利性还不够，与社会需求尚有较大距离。缺乏与政府紧密联系的高校智库既不能从政府手中直接获取第一手信息数据，又不能完全寄希望于政府信息公开，研究成果的科学性和可操作性自然难以保证。

4. 单一学科模式导致研究的广度、深度不够

政策的出台往往牵一发而动全身，这就要求智库吸纳不同专业领域的研究人员从不同的视角分析问题，提出对策建议，在此基础上综合考虑，权衡利弊，提出最优方案。但很多智库沿袭传统的研究团队组建模式，即研究人员均来自同一院系甚至同一学科、同一专业，团队成员知识结构单一，视角狭窄，研究的广度、深度难以拓展，创新能力严重不足，研究成果质量较低。

此外，研究角度有偏差，研究成果的学术性过强。政策研究要坚持问题导向，这里所谓的“问题”是指决策者急需解决的现实问题，需要研究者找到制度成因后提出对策建议。但高校教师长期从事的学理研究是范式研究，讲究系统化和理论化，在研究过程中习惯从学术角度思考问题，设计理想化的制度模型，研究成果是否能够直接应用于影响决策，却不一定是他们首先考虑的问题。受此影响，高校智库提交的研究成果往往学术性过强、可操作性欠缺，不易为决策者采纳。

5. 缺乏对智库研究的科学评价

高校的科研考核体系普遍存在重理论研究轻对策研究、重纵向课题轻横向课题、重成果数量轻成果质量的倾向，学术论文、专著和纵

向课题的数量、级别是衡量教师科研水平的标尺，而对智库承担横向课题、从事应用对策研究所产出的研究报告和对策建议等成果缺乏科学、灵活的考核评价机制，智库研究人员的社会贡献不能得到应有的认可，严重影响了其开展对策研究的积极性，制约了智库的创新能力和发展潜力。

（三）加强高校智库建设的基本对策

1. 对策研究与理论研究并重

开展应用对策研究、提供决策咨询服务是智库的首要职能，但这并非意味着理论研究对于智库来说不重要或者说可以放弃。理论研究是决策咨询的基础，没有深厚的基础理论和应用理论研究做支撑，应用对策研究就难以深入。因此，高校智库在关注社会现实问题的同时，也不能忽视理论研究，要继续保持理论研究优势，将创新的理论研究成果应用于对策研究，为对策研究提供源源不断的理论支持，不断提高决策咨询服务水平。

把研究解决重大现实问题作为主攻方向。围绕党和政府关注的重大现实问题、人民群众关心的热点难点问题，出思想、谋战略、提对策，是智库的根本功能。一是聚焦国家急需和人民期盼。围绕“五位一体”总布局和“四化同步”新要求，确定主攻方向，力求在一些关键领域、关键环节以及亟待解决的问题上取得重大突破。二是建立需求对接新模式。邀请实际工作部门直接参与、共同确定重点任务，联合组建研究团队，从源头上解决科学研究与决策需求脱节的问题。三是建立重大决策跟踪机制。密切关注，全程跟踪，及时提供动态监测、实时预警、效果评估和信息反馈。

同时，“自上而下”研究与“自下而上”研究结合。高校服务社会，传统的做法是承担各级各类纵向决策咨询课题和政府委托的横向课题，这是一种自上而下的研究模式。但智库研究的落脚点在于为政府提供高质量的决策咨询建议，这就要求智库必须时刻关注社会热点难点问题，在开展“自上而下”研究的同时，积极主动地确定课题开展研究，为政府调整政策建言献策。为此，智库要鼓励研究人员走出去，深入社会实际，在实践中发现问题、提出问题。同时，智库要拓宽面向社会的对外联系和沟通渠道，广泛征集社会需求，扩大决策咨询服务范围。“自上而下”研究与“自下而上”研究相结合，智库才能保持研究动力，不断增强研究能力，不断扩大社会影响力。

2. 打破学科壁垒，组建跨学科团队

现实问题的复杂性注定了以往单一学科各自为战的研究模式已难以满足政府科学决策的需求，而组建跨学科、跨院系的研究团队，不仅有效避免了学科隔绝状态下部门利益为重和信息渠道不畅等问题所造成的资源浪费，更有力地促进了新的战略咨询思想的产生。高校应打破学科界限，充分发挥学科门类齐全的优势，积极吸纳自然科学领域的教师加入智库研究团队，拓宽研究视角，提高成果质量，更好地为政府决策服务。

把产出高质量成果作为核心任务。能否拿出实用、管用的政策建议，是衡量智库水平的重要标志。发挥智库作用，建设新型智库，必须牢固树立质量第一的理念。一是着力提高理论联系实际能力。积极创造条件，选拔推荐优秀学者到国际组织任职，到实际部门挂职，参与政策制定，推动人才在实践中锻炼成长，增长才干。二是加强战略预测研究。做长线、谋长远，就未来可能出现的问题进行超前研究，提供决策储备。三是推动方法创新。综合运用自然科学和社会科学的方法手段，建设决策模拟和数据采集分析系统，为提高咨政服务质量提供方法和数据支撑。四是规范成果发布。定期报送高水平专家建议，及时提供理论分析和政策建言，适时发布研究报告，主动引导社会舆论。

3. 创新评价机制，激发智库建设活力

把创新体制机制作为改革重点。建设新型高校智库，关键在于深化综合改革，激发创新活力。一是改进评价办法。建立以政府、企业、社会等用户为主的评价机制，把解决国家重大需求的实际贡献作为核心标准，加强绩效评估。二是大力推动协同。强化校府、校校、校所合作，建立强强联合、优势互补、深度融合的协作机制，改变封闭分散、各自为战的局面，推动高校建设一流智库。三是改革管理方式。根据新型智库特点和发展需求，建立第三方遴选、协议制管理、后期赎买式资助、实际用户评价、动态流动新机制，在研究生招生、经费投入、项目支持等方面给予重点倾斜，在组织管理、人员评聘、科研活动安排等方面赋予更大的自主权，建立健全政策指导到位、保障措施得力、责权关系清晰、有利于激发智库活力的管理机制。

完善评价标准，科学评价成果。智库研究的落脚点在于为政府提供政策建议，研究成果的主要表现形式为调查报告、研究报告和咨询报告等。因此，对智库成果的评价标准必须区别于传统的学术评价，应重在考察政府的决策结果对社会的影响与改变。具体来说，对智库成果的考察，要将知识转移的贡献纳入科研考核评价体系中，比如调查报告、研究报告和咨询报告等的数量和质量的稳定性、建议被采纳的比例、专家担任政府顾问的情况等，应视为重要评价指标。

4. 开展国际交流合作，拓展国际视野

社会发展进入全球化时代，高校智库必须坚持立足中国、走向国际，积极开展与国际知名智库，特别是高校智库的交流与合作，通过举办国际论坛、与国外智库合作开展课题研究、选派学者到国外智库进修访问等形式，借鉴吸收国外智库先进的管理经验和研究方法，与国外智库学者交流思想，提高研究的国际前沿性和战略前瞻性，树立公信力，赢得国际话语权，努力打造具有全球意识和国际视野的高水平智库，为增强我国的软实力作出贡献。

四、党政研究部门智库能力建设

随着经济社会发展，云计算、信息技术、人工智能等新兴技术的兴起，社会分工日益复杂化、专业化，给政府管理带来了新的挑战。政府机关的知识结构、专业水平等方面不能完全适应发展需要，“倒逼”政府机关必须建立自身的决策咨询渠道、机制，以形成科学的、有前瞻性的政府内部决策咨询“智库”。目前，各级党委和政府部门都普遍认识到了政府决策咨询的重要性，已经建立起隶属于自身的党政研究部门决策咨询体系。这些直接隶属于党政部门的研究机构和咨询机构在我国智库体系建设中的作用不容忽视。

（一）党政研究部门智库建设现状和优势

我国目前几乎所有的党委和政府部门都有常设的咨询机构，有的叫政策研究室，有的叫政策法规局（司），还有的称调研室，等等。此外，还有属于部门所辖系统的研究咨询单位，如研究所、研究发展中心以及具有“民间”性质的研究会、学会等等。党政研究部门的设立，应该说是我国加强政府部门研究咨询工作的一项重要措施。它在政策调研、参与决策等方面也确实发挥重要的作用。按照隶属关系党政研究部门智库分为以下几类：

第一，各级党委政策研究室、政府研究室等智库。在中央层面，中共中央和国务院都有直接设立的政策研究机构。中共中央和国务院下属的政策研究机构包括国务院发展研究中心、国务院参事室、国务院研究室以及中共中央政策研究室。在中央部委层面，中央各部委以及地方各级党委、政府内部都设有单独的政策研究室，前者主要承担对本部委的核心职能和政策制定进行研究，并向部门领导提供政策咨询的职责，后者则主要承担对本地区经济和社会发展中的重大问题进行研究，并向地方党政领导提供政策咨询的职能。部委一级的政策研究室发挥着重要的内部研究功能，如国家发展和改革委员会政策研究室，主要承担部门领导交办的任务，重点研究国民经济和社会发展重大战略、方针和政策以及经济体制改革中全局性、综合性的重大问题。又如商务部的政策研究室，则主要完成部门领导交办的任务，研究经济全球化与世界经济贸易发展趋势等重大问题，提出对策建议。地方各级政策研究室，主要指省、市两级党委、政府内部的政策研究室。但是值得注意的是，最近几年县区一级政府成立政策研究室的也不在少数，例如处在全国行政改革前沿的广东省佛山市，就在综合改革试验的过程中率先在县区一级探索组建决策咨询和政策研究室，作为区委、区政府的重要决策咨询机构，负责本县区内部体制改革、发展战略、政策咨询、民意调查等重大问题的研究[①]。

第二，各级党委部门和政府部门所属专门的研究机构。除了在党政机关内部设立专门政策研究室（处）外，中央各部委和各级地方政府还设有专门的研究机构，它们一般都是各部委或地方政府直属的事业单位。在中央一级，有国家发展和改革委员会下属的宏观经济研究院、卫生部下属的卫生经济研究所、财政部下属的财政科学研究所、农业部下属的农村经济研究中心等机构（见表 12—1）。这些研究机构的主要职能，在于开展各项与本部门职能相关的理论政策研究以及对各项决策进行可行性分析，为决策提供咨询意见。在地方，各级党委、政府和各职能部门还设有大量事业单位性质的专门研究机构，如中国（海南）改革发展研究院、上海国际问题研究院等。

表 12—1 中央部委下属专门研究机构[②]

部委	下属研究机构
国家发展和改革委员会	宏观经济研究院
财政部	财政科学研究院
卫生部	卫生经济研究所（现名为“卫生发展研究中心”）
人力资源和社会保障部	中国人事科学研究院
	劳动工资研究所
	中国医疗保险研究会
民政部	政策研究中心
	社会福利与社会进步研究所
	减灾与应急管理研究院
教育部	教育发展研究中心
	中国教育科学研究院
公安部	公安部第一、二、三研究所

① 参见王绍光、樊鹏：《中国政策研究机构的基本情况》，《中国式共识型决策：“开门”与“磨合”》，中国人民大学出版社 2013 年版。

② 参见王绍光、樊鹏：《中国政策研究机构的基本情况》，《中国式共识型决策：“开门”与“磨合”》，中国人民大学出版社 2013 年版。

续 表

部委	下属研究机构
国家人口与计划生育管理局	中国人口与发展研究中心
国家食品药品监督管理局	南方医药经济研究所
国务院国有资产监督管理委员会	国资委研究中心
科技部	中国科学技术发展战略研究院
国土资源部	中国国土资源经济研究院
住房和城乡建设部	住房和城乡建设部政策研究中心
商务部	国际贸易经济合作研究院
国家中医药管理局	中国中医研究院

第三，各级地方参事室。除了政策研究室以外，全国有 28 个省、自治区、直辖市以及 11 个副省级城市还设有参事室。地方参事室是具有统战性质的战略咨询机构，各级地方政府授聘的参事都是地方的博学之士、社会名流和专家学者，凡设立参事室的地方政府，大都设有文史研究馆，它们是推进地方政府决策科学化、民主化的一支重要力量。目前全国地方政府参事约 1000 名。从近年来的发展来看，地方参事室影响地方政策制定的力度越来越大，尤其是在经济发达地区，地方政府的参事室已经不再满足于被动地完成本级党委、政府交办的咨询任务，而是通过更积极主动的行动影响地方重大政策的制定。

同决策主体联系紧密是党政研究部门智库建设的主要优势。党政研究部门智库在推动决策咨询研究成果转化上具有比较优势，而其他智库在应用转化上存在诸多困难，一是由于信息不对称，二是同政府职能部门结合不够。党政研究部门以外的智库，都存在与党委、政府之间的工作协调问题，这是因为党委、政府机构和部门按严格的层级隶属关系开展工作，非党政研究部门智库开展创新性的自主研究比较难。

（二）党政研究部门智库建设的主要问题

党政研究部门智库，与其自身所具备的潜力相比，还没有充分发挥其应有的现代智库作用。科学性、专一性和独立性是党政研究部门智库共同面临的主要挑战和问题（范培英，2014年）。

第一，专一性不足。党政研究部门智库行政性工作占用大量时间。按照机关工作原则，工作中往往服从领导批示和指示，对领导负责，着力于为领导当好参谋助手，无法专一地进行决策咨询工作，甚至党政研究部门智库事实上只发挥了主要领导“秘书班子”的作用。尤其是党委政策研究室和政府研究室秘书性质的工作过多、过重，不能充分发挥整个咨询机构“智库”的主观能动性。大量的文字工作严重影响了系统、深入调研工作的开展。编制小，人员缺乏，疲于应付日常事务，很难开展大规模的、深入全面的调查研究和分析预测工作。参与决策功能没有充分发挥。在政府部门每一项重大决策制定实施之前，咨询机构缺乏充分的、深入细致的调研分析工作，因此，也提不出多种方案以供领导比较、选择。党政研究部门智库需要承担大量的中心工作、事务性工作，无法保证其从事决策咨询工作的时间和精力，在一定程度上影响了决策咨询的效率和科学性；党政研究部门智库工作实际上由多个处室共同担任，容易导致处室之间推诿扯皮，影响决策的效率。

第二，科学性不足。党政研究部门智库应是“服务于科学而非民主的机构”，受多个方面的限制，党政研究部门智库面临科学性的挑战。在人员方面，党政研究部门智库虽然有部分高学历的人才，但是因为整体工作人员数量较少、公务员招考时专业限制等原因，专业往往集中在法学、公共管理、中文等领域，在专业对口、工作经历、知识结构等方面不能完全适应专业型党政部门决策事项的需要。在工作方式上，无法运用各种方式形成科学的决策结果。一些重大的决策咨询事项需要进行广泛调研，召开听证会、座谈会，考察先进地区的做法等程序才能形成较为科学的结果，而党政研究部门智库机构往往因为经费、工作时间等条件限制，无法充分进行上述程序，存在“征求意见走形式”“只是打了个电话就学习了先进地区经验”的情况，这些基础性工作的不扎实影响了决策咨询的科学性。一些党政研究部门智库职能往往由政研室、法规处等机构承担，在一些单位，这些机构被看做是“冷门”处室，职工在交流轮岗时都想办法到业务处室，避开这些所谓的“冷门”处室，导致了决策咨询机构内部工作人员的流动性差、轮岗经验不足；再加上单位其他处室和工作人员对决策咨询工作的重视性不够，在为决策咨询机构提供基础文件材料的时候往往应付了事，质量不高，有时候会使决策咨询机构和人员无法充分了解单位情况，开展工作。

第三，独立性不足。一方面，党政研究部门智库在收集信息的时候缺乏独立性，收集信息往往并非从社会影响、经济社会作用等方面考虑，而是从与单位相关的、能对单位产生影响等方面进行考虑，这样在决策咨询的基础上就无法保证公平公正，更多的带有单位色彩；另一方面，在形成决策结果时也缺乏独立性，很多时候都带有部门利益的特点。尤其是各级党委部门和政府部门所属研究咨询机构研究的课题和成果往往与本部门的决策相脱节。政府部门的决策过程中很少吸收这些研究咨询机构的研究成果。这些研究成果本具有政策储备的作用，然而，由于这些研究机构不能积极主动以其研究成果参与决策过程，决策者也缺乏科学决策观念，研究成果往往束之高阁，无人问津。

（三）加强党政研究部门智库建设的对策

第一，建立和完善党政部门智库决策咨询制度。要规范、细化党委、政府的决策程序，建立支持智库参与谋划重大发展战略、制定重大决策、实施重大政策，以及解决民生问题的制度。明确党政研究部门智库决策咨询的事项、权限及责任是党政研究部门工作的基础，可以有效避免处室推诿扯皮等现象。尤其是明确需要决策咨询的有哪些事项，对各类事项要有确定的标准。规定承办咨询的处室和权限，避免处室之间推诿扯皮现象，提高决策咨询的效率。明确决策咨询参与者的责任。对决策者及参与决策的决策咨询工作人员违反相关程序、怠于履行相关义务的行为进行责任追究，同时对通过座谈会、论证会等方式参与到决策中的专家、律师、学者等人员责任进行规范，一旦违规，采取解除合同、报有关部门追究法律责任等措施。

第二，强化党政研究部门智库咨询专业化职能建设。为了保证今后我国政府部门的决策体制走向科学化，我们就应趁新型智库建设的机会，切实加强党政部门智库作用，使之发挥下列职能：首先是调研。这是最主要的职能。在深入调研的基础上进行分析、预测工作，得出结论，提出多种政策性意见和建议，使决策者在制定政策和决策过程中视野开阔，对各种方案进行比较、分析、鉴定，在此基础之上选定最合理的方案。其次是决策和监督、协调职能。增加党政部门智库决策权是加强咨询机构职能的重要方面。咨询机构有些研究成果经领导批准之后直接作为政府的政策实施。在实施中，咨询机构进行监督，发现问题，及时调整，并协调政府部门内部的意见和行动，保证各项计划和方案的顺利实施。

五、科技与企业智库能力建设

随着我国科技和经济社会发展的联系日益密切，无论是自然灾害应对、国家产业发展方向选择，还是国家重大工程建设，都需要听取科学家的意见，需要科技智库做出咨询和判断。作为国家智库体系核心组成，科技智库在参与政府决策咨询中发挥着重要功能和作用。近年来，中国科学院、中国工程院、中国科协都扮演着国家科技智库的角色，自发地组织开展科技决策咨询工作。但目前，除国家科技智库外，我国一般科技智库建设水平还比较低，科技智库发展还面临着一些问题和制约因素。本书在分析国际科技智库存在形态、内部运行机制、咨询功能及类型基础上，在咨询市场理论架构下，从需求、供给、外部环境条件三个维度，分析我国科技智库参与决策咨询的主要问题，提出了促进我国智库参与科技决策咨询的体制机制创新路径。

（一）科技智库的形态、运行与功能类型

纵观全球，科技智库可以分为政府内设的官方智库、政府资助的

半官方智库和独立于政府体系之外的民间科技智库三种类型，它们在决策咨询中扮演着不同的角色。

1. 科技智库基本存在形态

第一，直接服务政府决策的官方智库。目前，发达国家均设有官方科技智库，为政府部门或决策者提供专门服务，它们经常被称为“衙门”里的科学顾问或科学顾问团。事实上，官方科技智库通常以两种形式存在：一是以个人身份参与决策咨询的科技顾问；二是以委员会形式存在的科技顾问团。官方科技智库的特点是离决策者很近，根据决策者或决策部门的特定需要，开展研究和顾问工作。

由于科技问题具有极强的专业性，政府决策者聘请科技顾问已经成为发达国家的普遍做法。例如，美国设有总统科技顾问，直接辅助总统进行科技战略决策；英国设有首相首席科学顾问，直接对首相提供政策建议，各部门也设有首席科学顾问。这些顾问的特点是服务于一个国家或一个部门的最高决策者，他们都是科学家出身并有丰富的政策研究经验。例如，美国现任总统科技顾问约翰·霍德伦（John P. Holdren）曾经是哈佛大学肯尼迪学院的教授，是著名的物理学家和该校能源政策与应对气候变化研究的领军人物。

科技问题不仅有极强的专业性，而且覆盖面也十分广泛，个人的眼界无法为决策需求提供全面的支撑。为此，发达国家的政府还普遍建立起不同学科背景人员组成的科技顾问团。例如，美国总统科技顾问委员会，英国政府的科学办公室及各部门的科技委员会，日本综合科学技术会议。这些科技顾问团的特点是人员来自方方面面，学科背景各异，而且具有明确的国家使命和职责。例如，美国总统科技顾问委员会的成员有来自高等院校和科研院所的著名科学家，有科技型大企业的首席执行官，也有著名企业的研发与战略官。再如，日本综合科学技术会议的职责包括：负责制定科技发展方向，确定国家重大研究领域，实施战略性综合科技政策；根据总理大臣的咨询意见，调查和审议科技基本政策、预算以及人才分配方针等重要事项。

第二，政府资助的专业化半官方科技智库。由于官方智库缺乏足够的独立性，加之科学技术具有极强的专业性，出于提高决策公信力的需要，发展半官方科技智库成为各国的通行做法。根据半官方智库隶属关系，可以将半官方科技智库划分为隶属于政府科技管理部门的研究机构、隶属于大学的研究机构等两类。

目前，作为隶属于政府科技管理部门的研究机构形态存在的科技智库很多，如日本科技政策所、韩国科技政策所、韩国科技评价研究院、中国科技发展战略研究院等都属于此类。这类科技智库的特点是与所属部门形成密切的契约关系，受所属部门的委托开展决策咨询工作，上级部门也是该类研究机构的主要资金来源。与隶属于政府科技管理部门的研究机构相比，隶属于大学的研究机构具有更强的独立性，它们的资金和委托任务来源更为广泛，佐治亚理工学院政策分析与研究部、斯坦福国际研究中心、清华大学中国科学技术政策研究中心都属于此类。

与官方科技智库不同的是，半官方科技智库产出的产品具有较强的学术性和专业性，其研究成果主要表现为研究报告、决策参考信息、论文和简报等，往往成为政府或官方科技智库决策的重要参考。在西方发达国家，半官方科技智库的领军人物，往往又成为了国家或某个政府部门的科技顾问，他们具有将自己研究机构产出的成果直接转化为决策咨询的渠道。与此同时，半官方科技智库出于扩大影响力的需要，构筑起国际化程度比较高的学术研究和交流网络，具有很好的国际视野；定期发布一些有影响力的研究报告，受到国际国内同行的高度关注。

第三，独立于政府体系之外的民间科技智库。民间科技智库是由没有在政府及半官方机构担任公职的专家学者利用民间资本设立的专业咨询机构。民间科技智库的启动资金和运作资金主要来自民间或各种基金会，有时也以合同方式接受政府的委托研究课题。民间科技智库是独立的咨询机构，它可以拒绝政府指令性研究课题，倾向于独立发表研究观点，以保证自己追求的“客观公正”的基本宗旨。民间科技智库往往面向客户，从客户的需求开始构建研究能力，直接面对客户的需求问题，从而保证咨询产品的可信度和操作性，保持与需求的无缝隙对接。

虽然民间科技智库独立于政府体系之外，但其良好的社会声誉和较强的研究独立性，其研究成果又能够对政府的决策产生重大影响。与官方和半官方科技智库相比，它们发表研究观点基本不会受到政府制约，往往只代表自己机构的观点，不体现某个政府部门的意志。目前，兰德公司、世界资源研究所都是比较著名的民间科技智库。以世界资源研究所为例，它是一个典型的非政府组织，致力于研究环境与社会经济的共同发展，在全球范围内与政府、企业等合作，共同为保护地球和改善民生提供革新性的解决方案。虽然世界资源研究所的研究领域不仅仅局限于科技领域，但出于解决环境问题的需要，科技发展是其长期关注的焦点。近年来，我国也成长出一些民间科技智库。如长城企业战略研究所，它除为企业提供管理咨询服务之外，也长期专注于科技发展战略、管理与政策研究。

2. 科技智库内部运行机制

科技智库以研究科技发展战略与政策为己任、以服务和影响政府决策为目标，通常具有非营利的特征。建设高水平、高质量的科技智库，良好的内部管理和运行机制是关键，其中运行资金筹措、人才队伍建设、成果质量控制和成果信息披露最为重要，关系到科技智库的生存与发展。

第一，运行资金筹措。资金是智库的“血液”，是智库赖以生存的根本，所以资金的筹集是智库的核心。不同类型的科技智库，其资金来源不同①。

官方科技智库的运行资金主要来自于政府预算。对于科技顾问或科技顾问委员会而言，其人员具有极强的流动性，只是在为政府服务期间获得政府资助。对于人员相对固定的政府下属研究机构而言，它

① 参见安淑新：《国外智库管理运行机制及对我国的启示》，《当代经济管理》2011 年第 5 期。

们的资金来源主要是财政预算。例如，日本科技政策研究所隶属于文部科学省，是一个支撑政府科技决策的半官方科技智库。2013 年，日本科技政策研究所的预算是 7.9 亿日元，基本上全部来自于文部科学省。

半官方科技智库除政府资金之外，还接受企业、基金会和个人的捐赠。例如，美国国家研究理事会是美国国家科学院、国家工程院和医学研究院的执行机构，一直扮演着半官方科技智库的角色。美国国家研究理事会每年开展约 400 多个研究项目，研究经费约 80%来自于政府委托项目，向政府及公众提供科学、技术、工程以及医学等问题的咨询建议。美国国家研究理事会的其余资金来自于个人、企业和基金会捐赠以及企业委托项目。

民间科技智库的主要资金来源是各方面的捐赠，也有少量政府资助。由于科技受到的社会关注度远远低于经济、军事等，真正意义上的民间科技智库数量非常少，大多数是民间经济、军事类智库中的一部分。例如，美国兰德公司是以军事为主的综合性战略研究机构，其中的部分研究团队涉及科技有关内容。再如，布鲁金斯学会以公共政策为研究对象，涉及经济、外交、全球治理和城市发展等方面。布鲁金斯学会每年经费约 4000 万美元，除布鲁金斯专项基金外，还有其他基金会、企业和个人的捐助，也有少量的政府资助。

第二，人才队伍建设。人才是决定科技智库发展的关键因素，人才水平高低决定了智库的竞争力和成就大小。就科技智库而言，人才队伍建设呈现出三大特征：

一是人才背景和成长经历多样化。例如，兰德公司有研究人员约 950 人，来自 45 个不同的国家和地区，有不同的政治背景和思想观念。人才背景和经历方面，重视多学科背景，实现多学科全覆盖；当科技智库在从事委托咨询项目时，可以有条件地召集不同学科和背景人才共同参加决策咨询项目，开展立体化的课题研究，避免分析问题出现“片面化”。日本学术会议设置 30 个学科，人员分布覆盖这 30 个学科领域；美国科学院覆盖的学科领域有31个[1]。

二是注重多学科交叉。例如，兰德公司针对课题特点，从不同研究部门中抽选合适的研究人员组成课题组，共同对某一具体问题或领域进行合作研究，使用多种不同学科的理论、方法和概念进行综合研究分析。

三是注重人才交流机制建设。人才交流机制是现代智库发达的关键因素。例如，美国依托“旋转门”式的人才交流机制，智库成员身份常常在政要与学者之间变换，有人甚至“旋转”两三次[2]。这种人才交流机制是智库能在决策者和公众之间成功搭建政策通道的基础。通常有两种实现形式：一种是送到政府部门去，智库推荐学者到政府担任要职，从研究者转变为决策者；另外一种是送到同行智库机构去，通过智库同行之间的人才交流，不断提升决策咨询水平。

第三，质量控制机制。决策咨询质量是保障科技智库长期、可持续参与决策咨询的“生命线”。在咨询质量管理方面，发达国家科技智库通过建立起一整套质量控制机制，从根本上保证决策咨询成果、人才和机构的高质量、高水平。

一是推行咨询成果的同行评价机制。国外科技智库都有严格的成果评审制度。如兰德公司的“内部评审制”（或称“同行评价制”）十分著名，对每一项研究计划都聘请两位外部资深研究人员作评审员，负责期中和期末审查；最终报告还需请委托人认定[3]。日本科技智库还通过匿名评审，请外国同行进行评审，把评审意见作为考核指标和成果发布依据。

二是建立人才评价、考核机制。虽然国外科技智库的人才评价方法和标准各有差异，但都有一套严格的评价、考核制度。如美国斯坦

① 参见朱相丽、谭宗颖、阳宁晖：《国外科技组织决策咨询的运行机制研究》，《科学管理研究》2011年第6期。

② 参见朱瑞博等：《智库影响力的国际经验与我国智库运行机制》，《重庆社会科学》2012年第3期。

③ 参见安淑新：《国外智库管理运行机制及对我国的启示》，《当代经济管理》2011年第5期。

福国际咨询研究所的人员评价系统，包含专业成绩、提升、委托关系、计划领导、系统管理五个项目，每个项目分为六个等级。兰德公司有内部和外部考核两项：内部考核由管理团队对自己部门人员的研究质量进行评级；外部考核是由外部专家和其他部门的人员对某一部门人员进行考核。

三是重视研究成果的社会评价。智库的影响力不仅仅是每年出版多少本书，或是召开多少场会议，而在于对媒体、公众和政府决策者的影响。目前，美国宾夕法尼亚大学在调查全球数千位学者、专家、智库主要负责人、公共或私人捐款者、政府决策者等，每年发布全球智库排名报告，衡量各智库发展水平。

3. 科技智库决策咨询功能

提供决策咨询是现代科技智库的主要功能。科技智库的决策咨询功能，主要从以下几个方面发挥作用：第一，提供科技政策建议和决策方案；第二，影响公共科技政策制定和执行；第三，收集信息、预测指导科技发展功能。

第一，为决策者提供科技政策建议和决策方案。从管理学视角来看，无论是公共决策，还是企业决策、个人决策，本质上都是决策方案选择的过程。科技智库发挥决策咨询功能的首要问题是，为决策者提供尽可能多的决策方案，消除科技决策乃至公共决策出现的“霍布森选择”现象①。从这个意义上来看，英国思想库在为政府决策者提供决策方案方面发挥着很好的作用。在英国，无论是保守党或工党执政，它们常利用思想库为其政策提供智力支持或科学依据。事实上，每当政府难以提出成熟的政策建议时，它们通常会寻求思想库的支持。而许多大思想库也成功地充当了这种角色②。

生产政策思想、提供决策方案是科技智库的主要功能。在西方发达国家，科技智库往往是采取长期反复地倡导某种政策思想主张，以

① 霍布森选择是面临决策，人们实际上思维和选择的空间是很小的，往往出现小选择甚至假选择现象。

② 参见中国现代国际关系研究院：《欧洲思想库及其对华研究》，时事出版社 2004 年版。

期瓜熟蒂落，成为国家公共政策或通过国会立法程序，得以全面实施。美国一些智库往往会在新任总统就任之前或之初，以出书的方式公布本思想库的研究成果，意在对施政产生影响，例如1980年传统基金会推出的长达1093页的《领导人的职责》曾成为里根政府官员的手册，在80年代产生重要影响；胡佛研究所在70年代末和80年代末分别撰写《80年代的美国》和《90年代的美国》两部长卷，阐述可供美国选择的内外政策主张等①。

第二，影响政府科技决策制定与执行。新世纪以来，科学技术不断向政府公共政策的各个领域渗透、融合，使得政府的公共政策问题及公共政策活动也变得日益复杂。科技智库凭借自身的权威性和公共性，对政府科技决策制定和执行会产生显著的影响。在影响政府科技决策制定与执行方面，科技智库发挥作用的路径是：一方面，利用学术论坛功能，影响学术界对科技决策的认知和理解。世界上主要科技智库都要举办年会、学术讲座及一系列科技问题的学术会议，促进达成理论共识；另一方面，利用公众传播功能，影响社会公众对科技决策的认知和理解。当今世界，公众越来越渴望了解并参与到科技政策制定过程，科技智库为政府与科学界和普通公众交流思想搭建了互动平台。科技智库影响公众的手段是：发表科技咨询的著作或研究报告、定期出版物、召开各种各样的公开研讨会等。

许多政府机构甚至是公司，都纷纷主动利用科技智库的这一优势，影响决策制定和执行活动。当政府试图改变其传统政策时，科技智库能起到难以替代的作用。以英国为例，历届英国政府在出台某项重大政策之前，通常会委托一些思想库进行前期的可行性研究工作，然后付诸实施。撒切尔政府在20世纪80年代推行的私有化政策就是首先由“政策研究中心”等中右派思想库系统研究后而逐步付诸实施的。布莱尔政府在推行其卫生和社会福利改革之前，也广泛征询了中左派

---

① 参见王生林：《略谈国家科学思想库建设及其科学思想传播》，《中国科学院院刊》2006年第3期。

思想库的意见主张。虽然这些思想库并非压力集团，但它们却往往能发挥一般院外游说集团无法替代的权威性作用①。

第三，收集信息、预测和指导科技发展。作为智库的共同特点，信息和情报是科技智库发挥决策咨询作用的潜在功能。世界上主要科技智库都设立了具有自身特色的图书和资料库，负责收集和提供有关科学技术发展、科技政策最新进展的信息和情报。在收集科技信息的基础上，预测科技发展、指导科技发展也是科技智库参与决策咨询的重要功能。例如日本文部科学省科技政策研究所定期发布技术预测研究报告，通过社会经济需求调查和分析，为决策者选取优先发展技术方向提供咨询参考。美国国会委托兰德公司组织实施技术预测等。

4. 科技智库的划分和类型

第一，按照智库的专业性和综合性进行划分。按照专业性和综合性进行划分，世界上的科技智库分为三种类型：国家科学院科技智库、综合科技智库、专门科技智库。

世界范围内的国家科学院拥有高水平的尖端科技人员储备，这种人才储备为他们打造建设国家科技智库奠定了基础条件。目前，许多国家的国家科学院都把参与国家科技决策咨询当作自身的核心使命。例如，美国国家科学院的政策咨询职能是在成立之时即在法案中写明的。法案中明确指出“无论何时，当受到政府的部门就某个科学技术问题要求帮助时，科学院应该给予调查、研究以及相关实验的帮助”②。此外，许多综合型智库也从事科技政策研究，为政府提供决策咨询服务，包括美国兰德公司、日本的三菱综合研究所、美国的布鲁金斯学会等在内的综合思想库都将“科学与技术”作为他们的主要研究内容。

专门从事科技决策咨询的智库也是科技智库的重要组成部分。随着近年来国家对科技政策研究的需求日益强烈，政府也逐渐开办专门

① 参见中国现代国际关系研究院：《欧洲思想库及其对华研究》，时事出版社 2004 年版。

② 孙志茹等：《科学思想库的组织与发展分析》，《情报资料工作》2010 年第 2 期。

的科技智库研究机构。例如日本在文部科学省设立日本科技政策研究所（NISTEP），主要任务是为了正确应对复杂的社会和经济结构的变化，及时准确地进行科学技术政策研究分析，特别是开展新的以政策立案为基础的调研。韩国设立科技政策研究所（STEPI），为政府部门和其他组织开发政策选择，并为公众提供科技政策趋势方面的信息和数据①。我国也于 1985 年 6 月成立中国科学院科技政策与管理科学研究所，为国家宏观管理部门、中国科学院、地方政府和企业提供高水平的研究咨询服务。2007 年，科技部成立中国科学技术发展战略研究院，从事国家科学技术发展战略、政策、体制、管理、预测、评价以及科技促进经济社会发展等方面的研究，为国家科技、经济、社会发展的宏观决策提供咨询和建议。

第二，按照隶属关系和层级划分。按照智库的层次划分，科技智库分为，国家级科技智库、中央部委科技智库、地方科技智库、大学及科研机构科技类智库。我国国家级科技智库，主要包括中国科学院学部、中国工程院、中国科协等；中央部委科技智库主要包括：科技部战略研究院、发改委宏观院、环保部政策研究中心等；地方科技智库主要是隶属于地方政府各部门的科技类智库机构。按照科技智库隶属关系，科技智库可以划分为：政府内部科技智库、半官方科技智库、民间科技智库等。

（二）科技智库参与决策咨询的主要问题

除中国科学院学部、中国工程院等国家科技智库参与决策咨询外，从目前我国一般科技智库发展的现状来看，与西方国家智库相比，还处于相对较低水平，主要表现在很多决策咨询流于形式、决策咨询成为一种决策的“姿态”，失去咨询的本质含义。这主要是由于我国一般的科技智库不管是智库内部体制，还是智库运营的外部环境，都还存在一些问题，具体来说体现在以下几个方面。

---

① 参见孙志茹等：《科学思想库的组织与发展分析》，《情报资料工作》2010 年第 2 期。

1. 科技智库缺乏参与决策咨询的制度安排

没有决策咨询需求，不可能培育出许多科技智库。在公共决策活动中，嵌入决策咨询机制对科技智库发展尤为重要，这种决策咨询的制度性安排直接决定科技决策咨询需求，影响到科技智库发展规模和水平。虽然近年来科学家在碳排放、粮食产量预测、主体功能区划分、农业政策等方面向政府提供很好的政策咨询建议，并被政府采纳。但是，这些政策咨询建议成功的原因很大程度上是取决于专家个人的水平、影响力及其与政府之间的良好关系。制度性的决策安排还比较欠缺，依托科技智库向政府提供咨询建议并被采纳的案例较少。

由于对科技智库的重要性认识不够，科技智库参与决策咨询的顶层设计有待优化。顶层设计上面的缺失，一定程度上导致科技智库难以正确把握决策者的需求，难以提出适应决策需求的科技智库产品和成果。决策者与科技智库之间存在信息不对称，智库供给和需求对接不好。供给和需求不对接集中体现在非官方的科技智库方面，尤其是以大学、科研机构及民间科技智库在把握政府决策部门咨询需求方面较为困难。

2. 科技智库参与决策咨询的能力还不够

科技智库自身能力是决定参与决策咨询成功与否的重要变量。当前，除政府需求不足外，我国智库自身能力不足也是影响智库参与科技决策咨询的重要原因。总体来看，我国科技智库自身能力建设方面的主要问题是：没有制度化的科技咨询渠道，官方科技智库体系不完整；半官方科技智库参与科技决策咨询缺乏体制性、机制性的制度安排，科技决策支撑和影响力不足；没有多元化的资金来源渠道，民间科技智库发展缓慢，研究独立性较差。总之，科技智库参与决策咨询的能力是亟须解决的问题。

第一，决策咨询作为智库发展目标尚不清晰。对于许多隶属于各级党政部门的体制内科技智库组织，它们作为一般的党政职能部门设置，不仅进行政策研究，还承担了大量行政事务工作，如从事文秘、宣传等工作，尤其是在地方科技智库机构中体现得尤为明显。这种职能的多样化也势必导致咨询功能的弱化，使智库的政策咨询这一基本功能难以发挥。对于科研机构、大学等科技智库，政策咨询导向的目标有待清晰。国外智库组织以影响和改进公共政策为科研目标。我国的智库，无论是研究人文学科为主，还是侧重研究应用学科，都是以学术探索与知识积累为首要目标。虽然近年来开始强调现实问题研究，但在科研导向以及评价机制上，并不以影响公共政策选择与决策为科研目标①。

第二，官方科技智库缺乏竞争机制，独立性较差。官方科技智库大部分都是由财政供养，有充足的咨询经费，政府也为他们提供了许多良好的条件。但是这种体制安排也导致官方科技智库在咨询活动中没有竞争意识，缺乏发展活力。提高科技智库咨询水平，还需要提高智库之间的竞争能力，尤其是通过完善市场竞争机制，引入社会智库的参与，激发官方科技智库的活力。同时，由于“依附”在政府机构内部，我国官方科技智库在决策咨询活动中的独立性较差，然而，西方国家的智库无论体制内还是体制外都具有相对独立性。独立性的缺失从整体上制约着科技智库能力的提升，在缺少独立性的条件下，科技智库能力建设面临“天花板”现象，难以突破“长官意志”，形成社会公认、高水平的咨询成果。

第三，从目前一般科技智库研究成果质量来看，缺乏足够的理论和实践依据，很多政策咨询建议多数停留于宏观政策及战略制定方面，在具体的决策方案建议方面欠缺操作性，科技智库操作性研究能力不足。近年来，我国科技智库建设呈现蓬勃发展态势，尤其地方科技智库建设异军突起，但是从总体上呈现出“库”很多、“智”质量不高的现象。同时，科技智库还欠缺有效的转化机制，许多研究成果尚未从论文、报告、著作有效转化为决策方法和路径。

3. 存在外部社会文化条件方面的制约

外部社会环境方面，由于我国传统社会文化观念的约束，全社会

---

① 参见李安方、王晓娟、张屹峰等：《中国智库竞争力建设方略》，上海社会科学院出版社2010年版。

还没有形成促进智库参与科技决策咨询的良好文化氛围。主要表现在：

第一，政府决策者对科技智库参与决策咨询的重视程度不平衡。许多地方政府决策者对科技智库重视程度不够、不善于借助外脑智库开展工作；政府决策者对科技智库及科技咨询缺乏了解和认知，许多决策者仍然停留在传统的“进谏”认识层面，对科技决策咨询和决策科学化认识不足。另外，公民的科学素养不够，全社会对科技决策的关注度不高，没有起到加速科技决策民主化和科学化进程的作用。

第二，从社会环境方面来看，智库的社会公信力普遍缺失。从政策影响力角度看，中国大多数智库与政府之间关系密切，这是中国智库影响政府决策的一个体制优势。但是，从社会影响力角度说，智库与政府之间的联系过于紧密甚至依附于政府部门，这种紧密联系往往成为妨碍智库发挥社会影响力的因素。一些智库的官方色彩尤其是政府部门“附庸”的地位，不仅影响了社会公众对中国智库及其产品的认知倾向，导致中国智库的社会公信力缺失，因此大大削弱智库在社会上发挥政策议程设定和引导政策话语权的能力①。

第三，咨询市场发育严重不足、咨询市场不成熟，社会对智力劳动成果存在无偿提供的潜在倾向，忽视智力劳动成果应有的经济价值。企业、个人和基金会对科技智库的支持力度不够，多数认为科技决策咨询是政府的事情，不愿花钱资助与其有利益关系的科技政策研究，致使智库的资金来源单一。一定程度上，导致民间科技智库、半官方科技智库咨询经费来源途径单一，影响他们独立地、客观地作出咨询结论。民间科技智库发展缓慢，大多是以综合性的社会智库形式存在。

（三）加强科技智库建设的主要对策

科技智库的咨询活动源于决策需要，针对我国日益增长、旺盛的

① 参见李安方、王晓娟、张屹峰等：《中国智库竞争力建设方略》，上海社会科学院出版社 2010 年版。

决策咨询需求，只有健全其参与科技决策咨询的体制机制，才能够发挥科技智库的参谋作用。

1. 以需求管理为先导，创新政府决策体制机制，提升决策咨询的需求动力

科技决策咨询需求产生的机理是：当科技决策者在决策过程中因为缺乏足够自信和技术知识时，就会产生对相关科技智库的咨询需求。这种科技决策咨询需求既是对专业技术知识的需求，也可能是对决策的服务和支持。随着我国改革开放的深入推进，政府公共决策科学化取向日益增强，科技决策咨询需求也随之提升。作为咨询需求方和用户，政府咨询体制机制创新是促进现代智库参与科技决策咨询的首要任务。开展科技决策咨询，听取科学共同体的意见和建议，也是公共决策民主化的必然要求。

第一，作为咨询需求方和用户，政府要建立和完善科技智库参与决策咨询体制机制。决策机制改革是我国科技智库生存与发展的前提①，如果政府决策部门不把科技智库参与决策咨询列入政府决策程序，那么科技智库参与决策咨询将失去生存和发展的土壤。探索促进智库参与科技决策咨询制度化、法制化的体制机制，摒弃决策咨询中的“崇洋”和“做秀”现象②，以保障科技智库健康发展。通行做法是建立各级政府向智库购买科技决策咨询服务的机制，通过定向委托或招标委托，满足日益增长的政府科技决策咨询需求。行政首长在做出重大决策之前，必须经过咨询程序，确保决策的科学化③。从公共政策系统视角来看，科学共同体也是政策系统中的一个行动主体，公共决策也应当考虑到科学共同体的自身利益。同时，科学共同体在决策咨询过程中也要遵守基本准则和规范：大公无私和有根据的怀疑态度。

---

① 参见王生林：《略谈国家科学思想库建设及其科学思想传播》，《中国科学院院刊》2006年第3期。

② 参见黄萍莉：《国际决策咨询研究》，世界知识出版社2010年版。

③ 参见刘润华：《关于政府决策的思考》，《国家行政学院学报》2001年第5期。

第二，搞好顶层设计，强化科技智库与政府决策部门的制度联系和互动。以加强中国科学院学部、中国工程院与国家部委、地方政府和有关智库的互动为重点，完善两院院士参与决策咨询的工作机制和模式；推动各类科技智库与政府决策部门的互动，从决策部门需求出发加强咨询选题的系统谋划和整体部署，切实做好科技智库参与咨询工作的顶层设计。尤其是强化半官方科技智库、民间科技智库与决策部门的对接和联系，有效发挥它们在决策咨询中的中立性、独立性作用，促进政府部门科学决策。

2. 立足自身建设，推进科技智库能力建设，提高科技咨询质量和水平

第一，科技智库针对政府重大科技战略和政策制定，建立主动参与科技决策咨询的服务机制。参与政府科技决策咨询是现代科技智库的本职任务。科技智库需充分利用政府重大科技战略和政策制定的时机，积极进言献策，发挥重大决策咨询功能。例如，2013 年 8 月，中国科学院、中国工程院组织针对国务院高度关注的城镇化问题，主动提出和国务院领导进行交流。建立广泛的合作机制，积极参与各级政府委托决策咨询工作。建立政府决策顾问服务机制，实现智库参与科技决策咨询的常态化。开展能力建设，积极参与国际多边决策咨询活动，争夺国际科技决策话语权。提升决策咨询的独立性和公信力，积极影响政府科技决策。

第二，以人才队伍建设为重点，分类推动科技智库能力建设。科技智库的能力建设涉及资金、人才、信息和平台等方面，是一个十分复杂的系统工程。人才是科技智库能力建设的“灵魂”，科技智库能否出思想、出对策，关键靠人才；没有一流的人才，不可能建设一流的科技智库。在科技智库人才队伍建设方面，重视高端专家、领军人才的作用，通过建立有效吸引、积聚和留住高端人才的体制机制，构建科技智库“人才高地”。对于官方智库而言，最为重要的是政府建立起决策咨询制度，为它们提供必要的资金预算和研究保障条件。对于半官方智库而言，关键是要建立起以人为核心的内部运行机制和政府资

金经费使用机制，凝聚高水平的咨询研究人才。对于民间科技智库而言，关键是要拓展多元化的资金渠道，利用现代媒体、会议、出版物及培训等手段，提升决策咨询的独立性和公信力。

第三，建立决策咨询成果评审机制，提升决策咨询质量。高质量咨询成果是科技智库成功与否的主要标志。国际上著名智库都是以拥有对政府决策产生重大影响的咨询成果闻名于世，在这些重大咨询成果的背后，关键是决策咨询成果评审机制。国外科技智库都有一套对研究的全程高质量管理的标准与严格的评审制度，例如美国国家科学院从咨询项目的立项到项目委员会的成立再到最终的研究报告的完成，都有严格的评议机制①。根据美国宾夕法尼亚大学麦甘智库研究项目组发布的《2012 年全球智库年度报告》显示，从数量上来看，我国智库位居世界第二；但是从智库的影响力来看，我国没有一家智库影响力进入全球前十名，这说明智库咨询成果质量不高、影响力不强、层次较低是我国智库建设的共性问题。

第四，建立科技智库成果传播机制，引导形成良好的社会发展环境。科技智库要想扩大知名度，发挥其影响力，必须要有一套高效的成果传播机制②。美国国家科学院每年要出版 200～300 份研究报告；日本学术会议每年发布十几份或几十份咨询报告不等，如 2008 年日本学术会议发布了 24 份咨询报告，2009 年仅在 4—9 月的半年间就发布了 56 份咨询报告。英国皇家学会每年要出版十几份政策研究报告，2010 年共出版了 12 份咨询报告③。我国科技智库要建立成果传播机制的路径选择是：主动向政府决策部门提供咨询报告；公开出版成熟的有影响力的咨询报告，扩大咨询成果的社会影响力；定期召开学术会议、研讨会，在学术界形成广泛影响；处理好与媒体的关系，建立信

① 参见朱相丽、谭宗颖、阳宁晖：《国外科技组织决策咨询的运行机制研究》，《科学管理研究》2011 年第 6 期。

② 参见王生林：《略谈国家科学思想库建设及其科学思想传播》，《中国科学院院刊》2006 年第 3 期。

③ 参见朱相丽、谭宗颖、阳宁晖：《国外科技组织决策咨询的运行机制研究》，《科学管理研究》2011 年第 6 期。

任和合作机制，改变目前专家和媒体存在的“不信任”现象，扩大咨询成果的舆论传播。

3. 优化外部环境和条件，塑造良好社会氛围，形成活跃、高效的咨询市场

外部环境在一定时期内决定着科技智库“可能有所作为”的范围。在外部环境和条件方面，由于传统社会文化观念的约束，我国社会还没有形成促进智库参与科技决策咨询的良好文化氛围。一方面，与发达国家形成鲜明对比，我国智库参与科技决策咨询主要是政府资助，民间企业支持科技智库力度较弱，多数企业认为科技决策咨询是政府的事情，容易产生搭便车的心理，不愿花钱资助与其有利益关系的科技政策研究。另一方面，在一定程度上，我国科技智库在影响公共政策过程中显得比较“内向”，与美国布鲁金斯学会、美国企业研究所、美国外交关系委员会、美国传统基金会、美国和平研究所、美国国际战略研究中心等著名智库千方百计公开影响公共政策形成鲜明对比，这也是我国国家“软实力”不足的一种体现。

第一，政府决策者要重视科技智库决策咨询。决策者对决策咨询或谋划的重视是科技咨询需求产生的关键。如果政府决策者对决策咨询比较重视，就能够产生科技智库参与决策咨询的实际需求，决策者会出各类题目寻求科技智库参与咨询研究；如果政府决策者仅仅重视短期行政事务，忽视长远的咨询谋划，那么科技智库就很难有用武之地。面对重大科技决策，政府决策者要积极开展决策咨询工作，消除“拍脑袋”经验型决策惯性，建立科学决策的行政习惯。

第二，要创造有利于智库发展的宽松社会舆论环境。在贯彻“百花齐放，百家争鸣”的方针下，鼓励科技智库开展实际调查研究，在咨询成果中实事求是说真话，并且允许和容忍科技智库发出不同的政策声音和意见，支持科技决策咨询各种意见的交锋和辩论。大力提高公民科学素养，让公众更多地参与到科技决策之中，以激起全社会对科技决策研究和咨询的关注。鼓励民间科技智库发展，政府应加大对民间思想库的扶持力度。

第三，建立多元化的咨询经费筹集渠道，形成活跃高效的决策咨询市场。国外科技智库的科技咨询经费来源大致有 4 部分：（1）政府委托研究的合同收入；（2）基金会的赠款；（3）企业和个人的捐助；（4）书籍出版和学术会议所获得的经营收入。美国科学院、英国皇家学会和法国科学院等这类非营利机构的主要收入来源是委托研究项目或社会捐赠，特别是基金会或者其他组织与个人的捐赠。然而，目前我国大部分科技智库都是官方或半官方性质，由财政供养，一定意义上决定了它们在科技决策咨询过程中承担着解释的角色；为数不多的民间科技智库由于缺乏经费支持，无法保障参与科技决策咨询的基本条件。科技决策咨询筹集机制的单一化影响我国科技智库建设的独立性，因此，需要建立多渠道咨询筹资机制。

总之，在政府决策中如何更好地发挥科技智库的作用，以及科技智库如何更好地支撑政府决策，是各国关注的热点问题。科技决策咨询具有极强的专业性，发达国家普遍建立了官方、半官方、民间科技智库构成的科技决策咨询体系。在我国，中国科学院、中国工程院等都是我国重要的科技智库，长期承担着我国的科技决策咨询工作。虽然我国已初步建立起以院士咨询评议为代表的委托咨询模式。但除院士咨询外，我国科技智库参与决策咨询缺乏正式的制度安排，科技智库参与决策咨询还面临许多体制障碍、甚至是文化障碍，要充分发挥科技智库的功能，须从科技决策咨询体系的三大组成要素的视角，系统地促进现代智库参与科技决策咨询的体制机制创新，激活科技智库市场。

六、社会智库建设

中国社会智库是社会经济高速发展和政治体制转型的必然产物，在我国社会的稳定发展和公共政策的民主化、科学化中扮演着不可忽视的角色。社会智库是中国特色新型智库体系的组成部分，是支撑党和政府科学民主依法决策的重要力量。社会智库具有相对独立客观的特点，所提的学术观点和政策建议能够超越部门利益、地方利益和行业利益；社会智库植根于社会，接地气，能比较充分地反映社会诉求，在促进科学民主决策中有着独特作用。我国社会智库发展自 20 世纪 90 年代起步，尽管在某些方面有一定进展，但总体看发展还比较滞后，难以适应新阶段党和政府科学民主决策的需要，难以适应经济社会改革发展的需求。

（一）社会智库的地位和作用

与体制内的官方智库和大学附属型智库相比，由于社会智库的特殊性和独立的身份，它们的声音更加率真，观点更加客观，表达方式也更加自由。尤其重要的是，由于视野和分析问题的角度不同，社会智库更能够反映公众意见，使政府决策更加科学、民主和公正。因此，促进社会智库的发展对推动我国经济社会的进一步发展、提高我国“软实力”具有重要的战略意义①。

1. 社会智库有助于弥补官方和半官方智库的缺陷

随着经济快速发展和社会转型，社会问题在多方面凸显出来，贫富差距、就业、社会福利和保障问题、群体性事件、国家安全与秩序等多方面问题，涉及多元的利益主体，需要客观和专业的研究，增强政策的前瞻性和公正性，从而避免出现对于社会秩序的冲击；从更长远讲，社会问题背后体现了社会心理、社会价值观的变化，需要更加基本的社会科学研究。官办研究机构和大专院校虽然是社科研究的重要途径，但是它们的“政策支持”和“教书育人”的核心角色，使得它们不可能脱离部门利益和教学主导。所以，国家实际上非常需要一种民间社会机制，汇集来自各方面专家学者的独立客观的声音，社会智库作为一个多元的专业化、独立的研究机构，体现了政治决策过程中专家参与的制度化，以及公共决策的民主化、科学化进程，它们的独特性使得其在社会的稳定发展中扮演着不可忽视的角色。

---

① 参见王志存：《中国民间智库的发展障碍与对策思考》，《法制与社会》2009 年第 22 期。

独立准确的判断和预测是智库始终应该追求的目标，也是实现公共决策科学化的基础。而这恰恰是体制内智库所或缺的。体制内智库的人员、资金等都受制于其上级主管部门，工作生活的环境相对封闭，缺少竞争的压力和激励的动力，怎样提出最科学的研究成果就不一定是其考虑的重点，其反而更多地承担了对已有政策的维护和解释功能。同时由于官本位思想的根深蒂固，体制内智库的调查研究往往是形式大于实质，难以实现对社会实践的真实把握。在这样的情况下作出的研究成果往往质量低下。

反观社会智库，对实现公共决策的科学化则有着自身的独特优势。社会智库的人员、资金等相对独立，其研究可以摆脱官僚体制的条条框框，观察和分析问题的视野会更加开放和广阔；同时社会智库本身就来源于民间，扎根于民间，它们更容易获得社会的真实信息，研究成果从而更加有效，更加贴近社会的实际；另外，社会智库安身立命的根本就是高质量、前瞻性的研究成果，它们时刻面临着的生存压力从一定程度上来说成为其发展的动力。

2. 保证公共政策多元化价值目标

公共政策是对社会资源和价值的再分配，其制定和实施必然会对社会各阶层产生不同的影响。现代社会，要求政府政策在价值目标上必须具有公共性与正当性。在我国，公共政策要能体现和代表最广大公众的利益。在中国现行的体制下，体制内的研究机构往往不能站在整体的国家利益上，而明显的存在为部门、地方利益所左右的情况，其研究成果也必然反映了这种狭隘的利益偏好。

社会智库的主体来自民间，他们更了解民情民意，其研究能够最大程度上摆脱狭隘的局部利益，能够站在国家、公众的立场，从而凝聚和表达出公众的意愿和利益。同时，社会智库对公共政策的参与，本身也就是一种公众的民主参与方式，有利于体现政府政策的合法性。它的作用就相当于一座桥梁，起着沟通政府与公众的作用，一方面，公众的利益得到表达、政治参与得到体现；另一方面，政府更全面真实的获得了决策所需的信息，也更好地引导了公众对政策的理解。

在改革中，部门利益常常成为制约政策公共性的重要因素，也是导致社会风险性增高的重要原因。如何使决策打破部门利益，以公共利益为取向，对政策合理性与可持续性具有很大意义。它的解决途径远远不是文件强调，或者设立一两个大的研究机构可以达到的，必须有一个开放的思想市场，自觉汇集起大量的民间智慧和民间声音，才能使得最后产生的政策是平衡的和全面的①。

3. 降低公共决策成本，完善决策体制

当前我国决策效率低、成本高、效果差的一个很重要原因就是政府的“谋”与“断”不分，社会科学方面的服务仍处于政府的高度垄断之下。政府决策涉及政治、经济、文化、社会等方方面面，这些如果都由体制内智库去做，其信息的收集和问题的调研就需要政府安排更多的专业人才，组织更多的专业机构。而体制内机构的自我膨胀的惰性，加上缺少必要的成本核算，因此容易导致决策的成本和效果脱钩。反过来，如果能够通过相应的机制，充分发挥社会智库的作用，则能够有效地避免不必要的人员和机构设置，从而降低决策成本。

社会智库的发展也使得政府的谋断分离决策体制改革成为可能，改变其既当裁判员又当运动员的尴尬角色。从而使政府能够将主要精力放在广听兼听和决策上。政府职能的转变，既需要政府的主动放权，也需要有相应的社会中介组织具有履行转出职能的能力。社会智库是社会中介组织的一种形式，因而它的发展可以成为政府决策与职能转变的突破口，起到政府职能转变的试点与示范作用②。

（二）我国社会智库的发展现状和问题

总体上来说，在我国社会智库还处于起步阶段。社会智库数量少，中国智库共约2500个，而其中社会智库不到5%；规模小，最大的社

---

① 参见李玲娟：《中国民间智库的地位作用研究》，《法制与社会》2007年第10期。

② 参见王志存：《中国民间智库的发展障碍与对策思考》，《法制与社会》2009年第22期。

会智库不到20人，年运营资金约200万元人民币；影响力薄弱，当前的作用主要是批评政府、传播观念和引导公众，而不是影响政府决策①。

第一，法人地位不明确，注册难。社会智库既要找“婆婆”，又要找饭吃。由于我国的法人组织管理不够完善，导致民办非企业法人型智库即社会智库没有正式明确的归属，民办非企业法人型智库与事业单位、企业、社会团体有本质的区别，但从《中华人民共和国民法通则》规定的四类法人（机关、企业、事业和社团）中无法找到与之相对应的法人形式的相关规定。这也导致了其民事责任与义务无法清晰。按目前的政策，非政府组织要注册为社团，则必须按照广义政府系统的事业单位挂靠，而被挂靠单位既不能从社团中提取利益，又必须为社团的任何问题负责任，因此注册难度非常大，受种种政策门槛的限制，一般社会智库很难注册为社团；结果一些社会智库被迫到工商部门按照企业来注册，这不仅给纳税和非政府组织捐助造成一定的困难，还迫使其必须花费大量的时间和精力来应对工商行政、税务等部门的监督和管理；如果不登记、不注册，自行其是的开展工作，则会时不时的面临着政府相关部门的清理整顿。

第二，资金来源缺少相对稳定和多元性。从国外成熟的社会智库发展来看，基本上都有稳定的长期的多渠道的资金来源。这其中包括各种私人的和基金会的捐款，包括各种政府合同和企业商业合同。但在中国，社会智库得不到上述的资金来源。基金会、企业和个人捐赠很少涉及社会智库；政府和民间企业家的合同也很少承包给社会智库。在这种情况下，一些社会智库不得不接受或寻找海外机构和跨国公司的资金赞助。这样更加大了政府对社会智库的猜疑。缺乏充足和多元化的资金来源，也必然影响社会智库的独立性，影响其研究的持续性和结果的信度。

第三，信息渠道不畅，关键数据难以获得。能否得到准确、全

① 参见王志存：《中国社会智库的发展障碍与对策思考》，《法制与社会》2009年第22期。

面的信息是智库能否生存的前提。国外智库一般都有自己的图书馆和信息网络。政府也非常重视建立各种数据库和联机检索系统为智库搜集、整理和提供信息。仅在美国就有4000多个数据库，约占全球数据库总量的近80%，驰名于世的大型联机检索系统有十几个。而我国的信息系统水平低、处理技术落后、相互之间条块分割，导致提供的信息不完备、不准确更为重要的是，由于目前的信息公开不透明，许多政府部门出于维护小集团利益或者出于对社会智库的不信任，将信息保密扩大化，在信息公布时，经常故意掩盖甚或编造虚假信息。拿不到准确充足的信息数据，社会智库的研究成果质量必然大打折扣。

第四，过度依赖个人，缺少整体品牌影响力。智库核心竞争力是产品的影响力。而品牌就是智库保持其影响力的广度、深度和有效性的关键因素。当前我国社会智库还主要是“个体智囊”在发挥作用，缺少团队运作和品牌意识。当我们提到美国时，肯定知道兰德公司、布鲁金斯学会，但是它们的负责人是谁，可能很少有人会知道；但在中国，我们可能更熟悉曹思源、仲大军等学者本人，而不是他们所在的社会智库组织。由此可见，靠个人而不是一个团队品牌支撑一个组织的现象在中国社会智库中具有一定的普遍性。品牌的缺失，在一定程度上也折射出我国社会智库自身内部存在的问题，如自身地位不明确，组织机构不健全，用人机制不合理，研究成果水平低，成果推销的意识和能力缺乏等。

具体来说，一方面，社会智库要努力争取政府对社会智库的资金投入。这并不是让政府直接把钱分配给社会智库，而是让政府扩大公共政策咨询范围，通过合同购买方式向社会智库购买研究成果；另一方面，社会智库要扩大自身智力服务的水平和范围。积极地与企业等社会组织开展合同研究，利用社会资源来发展自己。同时，要有市场活动的营销思维，采用基金会或其他各种方式，实现资金的保值增值，从而减少对政府和企业捐助的依赖，实现自身独立的可持续的发展。此外，国家出台优惠政策，鼓励企业、个人和各种基金会对公益性研究机构的捐助。

（三）加强社会智库建设的基本对策

解决社会智库发展的问题，需要用改革的办法办社会智库，鼓励社会智库大胆探索，创新自身发展的体制机制。

第一，为社会智库发展创造良好制度环境。要营造社会智库与官方智库享受平等待遇的氛围。社会智库的快速发展，经常是与其政府的支持分不开的。影响中国社会智库发展的一个重要原因，是社会智库和政府关系不融洽。政府不大信任社会智库。要从思想上改变对社会智库的偏见，政府应当认知社会智库是社会健康发展的力量，不能因为社会智库对政府进行批评或者有不同的意见，就对其发展进行阻碍、约束，甚至进行封杀。据相关研究，从所有类型重大决策事项所选择专家的合计频次来看，政府决策者选择各类身份专家的倾向性，从大到小依次是本机构内政策研究部门的专家、事业单位研究机构的专家、高校里的专家和民间咨询机构的专家。民间专家在各项重大决策中通常最不受重视。明确社会智库的法律和社会地位。尽快完善非营利法人制度，建立健全适合社会智库自身的注册、纳税及接受捐助法律制度；要消除体制内智库同社会智库的区别对待，打破体制内智库对政策研究的垄断，为不同智库之间的公平竞争创造良好的社会环境。

第二，建立健全社会智库筹资机制和市场机制。我国目前的社会智库大多数是以国外资金为主导的，这将大大影响其研究的独立性。国外的成功智库的资金来源大多是多元的，不仅有政府的委托、拨款，有企业的援助、有基金会个人的捐赠，还有其他的经营费用等。这些都可以为我国社会智库的发展提供借鉴。社会智库开展筹资活动要有市场营销的思维，不断扩大影响力，开展多样的筹资活动，建立良好的组织网络，发挥智力资源的筹资能力，减少对政府拨款和企业捐助的依赖，实现自身完全独立的发展。社会智库可以采用基金会的方式实现资金的保值增值，保障资金供给并实现可持续发展[①]。健全非营利法人制度。

完善配套改革，培育社会智库咨询市场。社会智库的发展必须依托咨询业的市场需求。古今中外，大凡政策效果较好的决策，必先经过“议”的过程。美国政府政策制定，都需要考虑智库的研究和咨询，这是创造美国政策研究与咨询巨大市场需求的主要因素。英国执政党在出台政策之前，通常会授权或委托智库进行前期可行性研究工作。日本政府提出的“咨询信息意识超前发展”策略，政府内部采取自下而上的“禀议制”和“广报”“广听”制度，各省依法设立由各界知名人士组成的专门咨询参谋机构——审议会等，为日本政策咨询业创造了一个良好的决策信息循环系统和优化行政政策的社会环境[②]。

建立社会智库的培育孵化机制。中国社会智库的发展仍处于起步阶段，数量少、规模小、影响力弱，但其生存之本、生存之道全然在于提供高质量的决策研究成果，因而在发展的内在动力和课题研究的运作管理机制上，比官方、半官方的体制内智库有较为明显的优势。由此，在中国科研投入多元化的社会氛围尚未形成的情况下，可以成立“智库发展基金”，对社会智库在启动经费和课题研究资助上给予更多的倾斜与扶持。其次，成立“智库服务中心”，为所有智库的日常运行提供优质的保障性服务。同时，适应全球智库迅速崛起和智库全球化的发展趋势，不断更新、提升服务水准，从而推动中国的智库（决策咨询业）走向繁荣、走向世界。

第三，提高社会智库自身能力和水平。社会智库不是“持不同政见者”，不应是政府的对立物，必须要坚守相对客观的立场[③]。社会智库自身要借鉴先进的企业管理经验，形成研究团队合作的模式，充分

---

① 参见宋悦华、贺媛媛：《民间思想库独立性的意义、现状和对策分析》，《四川行政学院学报》2008 年第 4 期。

② 参见洪伟、邓心安：《中国民间思想库：作用与对策》，《科学与管理》2008 年第 1 期。

③ 参见李艳萍：《民间智库的自我发展道路探析》，《青海师范大学学报》（哲学社会科学版）2011 年第 6 期。

利用各自的专业优势，秉承科学精神，遵从内心良知，不屈从于政治，不妥协于利益集团，提出有价值的研究结论。同时在内部体制设置上要尽量避免委托者对研究人员的干涉，最好实行研究部门与项目部门的分立，也就是智库内部的决策与执行的分立，为研究人员创造独立的研究环境，避免研究人员的意志受到委托者或权威者的影响，从而保障研究成果的信度和质量。

参考文献

1. Andrew Rich, *Think Tanks, Public Policy, and the Politics of Expertise*, New York: Cambridge University Press, 2004.

2. Barry Bozeman and Jeffrey D. Straussman, *Public Management Strategies*. San Francisco: Jossey-Bass Publishers, 1990.

3. David Ricci, *The Transformation of American Politics: the New Washington and the Rise of Think Tanks*, New Haven: Yale University Press, 1993.

4. Diane Stone et al eds., *Think Tanks across Nations: A Comparative Approach*, Manchester: Manchester University Press, 1998.

5. Diane Stone, Capturing the Political Imagination: Think Tanks and the Policy Process. Frank Cass, 1996.

6. Dickson Paul, Think Tanks, New York: Atheneum, 1971.

7. Donald E. Abelson, *American Think-tanks and Their Role in U. S. Foreign Policy*, MacMillan Press Ltd, 1996.

8. Donald E. Abelson, *A Capitol Idea: Think Tanks and U. S. Foreign Policy*, Montreal&Kingston: McGill-Queen's University Press, 2006.

9. Hartwig Pautz, Revisiting the Think Tank Phenomenon, *Public Policy and Administration*, Vol. 26, No. 4, Sept., 2011.

10. James Allen Smith, The Idea Brokers: Think Tanks and the New Policy Elite, New York: Free Press, 1991.

11. James G. McGann, *The Competition for Dollars, Scholars and Influence in the Public Policy Research Industry*, Latham, MD:

Rowman&Littlefield, 1995.

12. James G. McGann, Think Tanks and Policy Advice in the United States: Academics, Advisers and Advocates, New York, NY: Routledge, 2007.

13. Kent R. Weaver, The Changing World of Think Tanks, Political Science and Politics, 1989.

14. Lee Michael Katz, *American Think Tank*: *Their Influence is on the Rise*, Carnegie Report, Vol. 5, No. 2, Spring.

15. Paul Dickson, Think Tanks, New York: Atheneum, 1971.

16. Peter T. Leeson, Matt E. Ryan, Claudia R. Williamson, Think Tanks, Journal of Comparative Economics Vol. 40, 2012.

17. R. Kent Weaver and James G. McGann eds., Think tanks and civil societies: Catalysts for ideas and actions, New Brunswick and London: Transactions, 2000.

18. Ricci David M, The Transformation of American Politics: the New Washington and the Rise of Think Tanks, New Haven: Yale University Press, 1993.

19. 〔德〕帕瑞克·克勒纳著，韩万渠译：《智库概念界定和评价排名：亟待探求的命题》，《中国行政管理》2014年第5期。

20. 〔美〕安德鲁·里奇著，潘羽辉等译：《智库、公共政策和专家治策的政治学》，上海社会科学出版社2010年版。

21. 〔美〕戴维·伊斯顿著，王浦劬译：《政治生活的系统分析》，华夏出版社1999年版。

22. 〔加拿大〕唐纳德·E. 埃布尔森著，扈喜林译：《智库能发挥作用吗？公共政策研究机构影响力之评估》，上海社会科学院出版社2010年版。

23. 〔美〕詹姆斯·G. 麦甘著，何乐编译：《全球智库调查报告》，《外交政策》2009年第1期。

24. 〔美〕詹姆斯·麦凯恩、理查德·萨巴蒂尔著，韩雪、王小文译：《全球智库：政策网络与号召力》，上海交通大学出版社 2015 年版。

25. 〔美〕詹姆斯·G. 麦甘著，上海社会科学院智库研究中心编：《2013 年全球智库报告》，上海社会科学院出版社 2014 年版。

26. 安淑新：《国外智库管理运行机制及对我国的启示》，《当代经济管理》2011 年第 5 期。

27. 曹继军、颜维琦：《上海社科院发布我国首份中国智库报告》，《光明日报》2014 年 1 月 23 日。

28. 陈劲、阳银娟：《协同创新的理论基础与内涵》，《科学学研究》2012 年第 2 期。

29. 陈如为：《美国智库影响力为何那么大》，《秘书工作》2015 年第 1 期。

30. 陈媛媛、丁炫凯、李刚：《中国智库网络影响力评价报告》，光明网 http：//topics. gmw. cn/node _ 88495. html.

31. 崔玉军：《〈全球智库报告〉“权威性”难以服众》，《中国社会科学报》2015 年 2 月 4 日。

32. 崔玉军：《国外智库评价：理论与实践》，《社会科学论坛》2015 年第 11 期。

33. 丁煌：《美国的思想库及其在政府决策中的作用》，《国际技术经济研究学报》1997 年第 3 期。

34. 郝时远：《中国智库在全球智库排名中的启示》，《中国社会科学报》2013 年 9 月 18 日。

35. 何绍辉：《智库研究成果评价要做好“三个结合”》，《中国社会科学报》2014 年 12 月 17 日。

36. 何郁冰：《产学研协同创新的理论模式》，《科学学研究》2012 年第 2 期。

37. 黄江松：《欧美“智库”的影响力从何而来》，《北京日报》

2010年3月22日。

38. 黄雄彪：《咨政视阈中的党校思想库建设》，《中共福建省委党校学报》2012年第5期。

39. 黄忠敬：《美国教育的智库及其影响力》，《教育理论与实践》2009年第5期。

40. 荆林波等：《全球智库评价报告》，《中国社会科学评价》2016年第1期。

41. 孔放、李刚：《国外智库评价的主要模式》，《新华日报》2015年7月10日。

42. 李安方、王晓娟、张屹峰等：《中国智库竞争力建设方略》，上海社会科学院出版社2010年版。

43. 李建军、崔树义：《论地方社科院向新型智库的转型》，《社会科学管理与评论》2011年第1期。

44. 李伟：《关于高校智库建设的思考》，《科技资讯》2013年第27期。

45. 李兴华：《协同创新是提高自主创新能力和效率的最佳形式和途径》，《科技日报》2011年9月22日。

46. 李占峰：《中国智库发展亟需理念和制度创新》，《开放导报》2011年第6期。

47. 李桢：《智库对我国政府公共决策的影响力研究——以社科院系统为例》，《情报资料工作》2012年第6期。

48. 李志军：《关于建立我国重大公共政策评估制度的建议》，《中国经济时报》2013年6月7日。

49. 梁昱庆：《论政治环境》，《成都大学学报》（社会科学版）2002年第4期。

50. 林坚：《以协同创新助推首都新型智库建设》，《北京日报》2016年2月26日。

51. 林芯竹：《为谁而谋——美国思想库与公共政策制定》，知识产权出版社 2007 年版。

52. 零点国际发展研究院、中国互联网新闻中心网站：《2014 中国智库影响力报告》，2015 年 1 月 15 日。

53. 刘恒：《政府信息公开制度》，中国社会科学出版社 2004 年版。

54. 刘润华：《关于政府决策的思考》，《国家行政学院学报》2001 年第 5 期。

55. 吕正韬、赵书文：《提升中国智库的国际影响力和话语权》，《对外传播》2014 年第 5 期。

56. 邱均平：《中国智库理论研究的最新进展与趋势》，《重庆大学学报》（社会科学版）2016 年第 2 期。

57. 上海社会科学院智库研究中心：《2013 年中国智库报告——影响力排名与政策建议》，上海社会科学院出版社 2014 年版。

58. 上海社会科学院智库研究中心：《2014 年中国智库报告——影响力排名与政策建议》，上海社会科学院出版社 2015 年版。

59. 上海社会科学院智库研究中心：《2015 年中国智库报告——影响力排名与政策建议》，上海社会科学院出版社 2016 年版。

60. 上海社会科学院智库研究中心：《2016 年中国智库报告——影响力排名与政策建议》，上海社会科学院出版社 2017 年版。

61. 孙蔚：《智库影响力的国际比较与走向判断》，《重庆社会科学》2012 年第 4 期。

62. 孙志茹等：《科学思想库的组织与发展分析》，《情报资料工作》2010 年第 2 期。

63. 唐果媛：《中美三份智库评价报告的比较分析》，《智库理论与实践》2016 年第 2 期。

64. 万劲波：《科技智库影响力的提升路径》，《科技日报》2014 年第 11 期。

65. 汪延炯：《论思想库》，《中国软科学》1997 年第 2 期。

66. 王继承：《麦甘“全球智库报告”排名机制及其影响》，《中国经济时报》2012 年 8 月 28 日。

67. 王莉丽：《“旋转门”——美国智库的重要运转机制》，《学习时报》2012 年 11 月 5 日。

68. 王莉丽：《大国智库影响力——路还有多远》，《21 世纪经济报道》2006 年第 2 期。

69. 王莉丽：《构建“多中心”“全方位”国际传播体系》，《对外传播》2012 年第 3 期。

70. 王莉丽：《论美国智库舆论影响力的形成机制》，《国外社会科学》2014 年第 3 期。

71. 王莉丽：《美国公共外交中智库的功能与角色》，《现代国际关系》2012 年第 1 期。

72. 王莉丽：《美国智库影响力形成机制及面临挑战》，《学习时报》2013 年 1 月 28 日。

73. 王绍光、樊鹏：《中国政策研究机构的基本情况》，《中国式共识型决策：“开门”与“磨合”》，中国人民大学出版社 2013 年版。

74. 王生林：《略谈国家科学思想库建设及其科学思想传播》，《中国科学院院刊》2006 年第 3 期。

75. 王世伟：《试析情报工作在智库中的前端作用——以上海社会科学院信息研究所为例》，《情报资料工作》2011 年第 2 期。

76. 王文：《打造有国际影响力的中国智库品牌》，《对外传播》2014 年第 5 期。

77. 王杨：《中国智库：软实力不能光靠数量》，人民论坛 http：//www.rmlt.com.cn/2014/0211/228429 _ 2.shtml.

78. 韦灵玫：《发挥党校思想库作用若干问题的思考》，《桂海论丛》2010 年第 1 期。

79. 吴天佑、傅曦：《美国重要思想库》，时事出版社 1982 年版。

80. 许察金：《市县党校“思想库”建设存在的问题及对策分析》，

《克拉玛依学刊》2013年第1期。

81. 薛澜、朱旭峰：《“中国思想库”：涵义、分类与研究展望》，《科学研究》2006年第3期。

82. 薛澜：《在美国公共政策制订过程中的思想库》，《国际经济评论》1996年第6期。

83. 杨玉良：《大学智库的使命》，《复旦学报》（社会科学版）2012年第1期。

84. 于敬、周玲：《高校科研业绩考核评价体系中存在的问题与思考》，《科技管理研究》2010年第18期。

85. 俞可平：《西方政治分析新方法论》，人民出版社1989年版。

86. 俞可平：《“智库”的影响力从何而来》，《思想政治工作研究》2010年第2期。

87. 张伯里：《党校如何发挥好科研机构和思想库作用》，《中国党政干部论坛》2009年第2期。

88. 张春：《美国思想库与一个中国政策》，上海人民出版社2007年版。

89. 赵博：《智库必须思考如何以新形式传播成果》，《文汇报》2014年2月17日。

90. 赵海娟：《建立公共政策评估制度是大势所趋》，《中国经济时报》2014年7月9日。

91. 中国现代国际关系研究院：《欧洲思想库及其对华研究》，时事出版社2004年版。

92. 中华智库研究中心：《中华智库影响力报告（2015）》，2015年11月25日。

93. 朱瑞博等：《智库影响力的国际经验与我国智库运行机制》，《重庆社会科学》2012年第3期。

94. 朱相丽、谭宗颖、阳宁晖：《国外科技组织决策咨询的运行机制研究》，《科学管理研究》2011年第6期。

95. 朱旭峰：《“思想库”研究：西方研究综述》，《国外社会科学》2007年第1期。

96. 朱旭峰：《智库评价排名体系：在争议中发展完善》，《光明日报》（智库版）2016年2月3日。

97. 朱旭峰：《中国思想库——政策过程中的影响力研究》，清华大学出版社2009年版。